億万長者より手取り1000万円が一番幸せ!!

年収400万円+副収入でプチリッチになる

吉川英一

ダイヤモンド社

はじめに

世の中が不景気になると、書店には俗にいう「金持ち本」がうず高く積まれて、あなたに「お金持ちになろう！」と呼びかけます。でも、日本でお金持ちを目指すのはそんなに簡単なことではありません。はっきりいいますが、あきらめてください（笑）。なぜなら、日本は先進国の中で法人税率の一番高い国だからです。

「お金持ち」というからには、少なくとも億万長者を目指そうということになりますが、現実的に考えて、ミリオネアになるには、会社をつくって社長になるしかありません。個人では課税所得金額で１８００万円を超えると、すぐに最高税率40％に届いてしまいます。住民税も10％かかってきます。何かしら事業をするわけですから、３～５％の事業税も納めないといけません。ですから、億万長者になりたかったら、会社をつくるしかないのです。

でも、その会社も利益が出てくると、やはり実効税率は40％を超えてしまいます。そうなると、お金持ちになるために借金までして、リスクを背負って頑張っているのに、冷静に考えれば、税金を払うために働いているようなものです。社員を雇用すると、厚生年金や健康保険、雇用保険や労災保険の保険料負担も重くのしかかってきます。景気がいいときは売り上げも収益も伸びますから問題ないのですが、歯車が逆回転した場合は途端に苦しくなってしまいます。

厚生年金の会社負担分を納められなくて、従業員の給料を勝手に低くしてかけていたという不正があちこちで発覚していますが、これはまだいいほうです。じつは、まったく払えない企業や厚生年金すら加入していない企業だって世の中には山ほどあるのです。

冷静に考えてみてください。シンガポールに行けば、どれだけ稼いでも税率18％です。不動産や株を売って儲けても一切税金はかかりません。相続税も贈与税もありません。会社経営をしてお金持ちになりたいなら、シンガポールでやればいいのです。

私は日本の所得税を見ていて、ちょうど居心地のいいスイートスポットがあることに気づきました。それは「所得税率23％の世界」です。所得税率は課税所得金額別に5％、10％、

20%、23%、33%、40%の6段階に分かれています。20%までは税率が倍になっていくのですが、なぜか20%を超えると次は40%ではなく、30%でもなく、わずか3%しか増えないのです。

「なぜ？　どうして？」って思いますよね！　税率20%は課税所得金額ベースで330万円超~695万円未満の方が該当します。じつは、日本のサラリーマンのほとんどの方がこの税率20%に該当します。税率23%は695万円超~900万円以下が該当しますが、例えば、奥さんとお子さん2人を持つ年間給与所得1448万円のサラリーマン（56ページのモデルケース）も、じつはぎりぎり税率23%に該当するのです。

「そんなに高給なのに、なんで？」という疑問がわいてくると思うのですが、給与所得控除と配偶者控除、扶養控除、基礎控除などを差し引くと、課税所得金額は900万円以下になるのです。そして所得税や住民税、社会保険料を支払ったとしても、実際の手取金額はゆうに1000万円を超えます。可処分所得で1000万円もあれば、年に2~3回の海外旅行にも行けるでしょうし、スーパーで養殖ではなく天然物のブリを迷わず買うこともできるはずです。

日本の税制を考えると、大勢に逆らってあえて会社経営を目指すのではなく、サラリーマンをやりながら、税率23％の小金持ちを目指すのが最も幸せな生き方のように思います。あなたがもし現在サラリーマンをされているのであれば、すごくラッキーだと思います。サラリーマンだったら比較的簡単に税率23％の世界にたどり着けるはずです。

本書では実際に可処分所得1000万円の小金持ちになった方々にインタビューし、成功事例としてご紹介させていただきました。読み進んでいただければ、きっとあなたにも可処分所得1000万円の小金持ちをより具体的にイメージしていただけるものと思います。

さあ、まずはあなたも可処分所得1000万円の幸せな小金持ちを目指してみませんか？

吉川 英一

億万長者より手取り1000万円が一番幸せ!!

——年収400万円＋副収入でプチリッチになる

目次

第2章

手取り1000万円の小金持ちになるには自己投資が大事

第3章 貯金と株で誰にでもできる「お金に愛される法則」……87

第4章

年収400万円から手取り1000万円になる方法

第5章 幸せな小金持ちを続けるためのリスクマネジメント

第6章

人生好きなことをして小金持ちを目指すのが一番

第1章

日本で大金持ちを目指すのは大間違い！

世界一高い税率の国で大金持ちになるのはバカげている

いつかは起業して一旗揚げようと思っている人は、アメリカほどではないにしても、相変わらず多いですよね！　法務省が毎月集計している「法務統計月報」によると、新会社法が施行された２００６年５月１日から資本金１円でも株式会社がつくれるようになったため、同法施行後１年間で設立登記された会社は10万５２２０社に上るそうです。

そのうち資本金３００万円以下のプチカンパニーは、それ以前は13％だったのが、この法律が施行されてからは45％にも増えたとのことですから、まさに政府の思惑どおりとなったといえるんでしょうね！

たしかに、いままで会社設立のネックとなっていた有限会社で３００万円、株式会社で１０００万円の最低資本金の縛りがなくなったのですから、手放しで大歓迎している人も多いと思います。いまや会社は学生でも主婦でも１円の資本金と登記費用20万２０００円

（公証人役場費用5万2000円、収入印紙15万円）と司法書士の実費手数料さえあれば、簡単に社長になれる時代がやってきたんです。

そのうち大学生が会社をつくって在学中に上場してしまうなんていうことも起きるかもしれませんね！　起業を目指す人にとっては、なかなかいい時代になったものです……。

ところで、会社を設立するからには、バンバン売り上げを伸ばして早く上場したい、ミリオネアになりたいと思っている社長さんがほとんどだと思うのですが、日本で起業するからには税金をいくら払うのか当然知ってますよね？

「えっ！　知らないんですか？」。じつは、日本はＯＥＣＤ（経済協力開発機構）加盟30カ国の中で7年連続で法人税の実効税率が世界一高いんですよ……。1位が日本で40・7％、2位がアメリカで40・0％、ＯＥＣＤ加盟国の平均が26・7％ですから、いかに日本の法人税、法人事業税、法人住民税が高いかがおわかりですよね！

つまり、法人を設立してミリオネアになろうとするなら、それはかなり無謀なチャレンジをしようとしていると思いませんか。もし仮に宝くじの当選金に40％の税金がかかったらどうでしょう。「うーん、どうしよう？」とかなり悩む人も多いのではないでしょうか。せっかく1億円が当たっても、当選金の4割以上を税務署が黙って持っていくんだったら、あほらしいからやーめた、という人もきっと多いですよね。これじゃあ、宝くじの魅力も半減してしまいますよね！

一時世間を騒がせたあの村上ファンドが、突然日本での投資顧問業の廃業届を出してシンガポールに法人を設立したのもわかるような気がしませんか。だってシンガポールはいくら儲けても法人税が18％だし、個人の所得税も20％で済んじゃいます。おまけに贈与税、相続税もないですし、株や不動産でいくら儲けてもまったく課税はされないんです。

どうです？　まさに投資家や起業家にとってはネバーランドみたいな夢の国ですよね！なに？　明日から英語を勉強したくなったって？　じつは私もいま同じことを考えてしまいました……（笑）。

日本で大金持ちになるには脱税と株しかない！

こんなことを書くと、税務署が飛んできて、しこたま税金を追徴されそうですが、じつは私も昨年、確定申告を始めてから18年目で初めて税務署から突然電話が入ったんです……。知り合いの税理士の方からは「吉川さんもそろそろ税務調査が入るんじゃないの？」と冗談半分にいわれていたのですが、やっぱり予感は的中しました。

人間悪いことはしていないつもりでも、税務調査などといわれると、何をいわれるのかと思ってドキドキするものですねえ……。ましてや、ずーっと白色申告で帳簿もつけずに自己流で申告していましたので、間違っていることがあるかもしれません。

でも結果は、譲渡所得の計算で、買い主さんからもらった固定資産税の日割り分を、支払うべき年間の固定資産税と相殺していたため、その部分の修正が19万円指摘されただけでした。日割りで売り主がもらう固定資産税の精算分も譲渡所得と見なされるんですねえ、知りませんでした。個人の所得のほうは3年分の資料と通帳のコピーをすべて持ち帰ってチェックされたようですが、とくに指摘はありませんでした。

日本では個人の所得税においても課税所得金額で１８００万円を超えると、最高税率が40％になります。住民税10％、事業税５％と合わせて、なんと55％が税金なんです。こんな高い税率の国でお金持ちを目指そうなんて、とんでもないと思いませんか。

仮に税金を支払った残りのお金で多少の贅沢をしようと思って、ベンツでも買ってごらんなさい。消費税は５％取られるし、取得税も５％取られるし、車検のたびに重量税は取られるし、自動車税は毎年くるし、ガソリンには高い揮発油税と地方道路税が含まれているし、消費税も含めると、そもそもガソリン代のうち60円は税金なんです。

つまり、所得を得たときにたっぷり税金を支払わされ、残ったわずかな収入で、生活するためのモノやサービスの提供を受けると、またまた知らないうちに税金を支払わされるという仕組みになっているんですねえ。すごい国でしょ！　日本て……。

唯一、いまのところ税金が低いのは、株で儲けたときの譲渡所得と配当所得ぐらいのものです。

ですから、日本で効率よくお金持ちを目指そうと思うと、脱税と株しかないというのは、あながち間違いではないと思いませんか？

ただし、この株式の譲渡益と配当所得に関する税率10％も、本来は20％のところ、株式市場活性化のために特別にいまだけ時限立法で安くしているだけなんです。この制度はいつまた20％に戻るかわかりませんので、私もそれまではせっせと株で儲けようと思っています（笑）。

エリート官僚が考えた税制に抜け穴なんかあるわけない

税法は誰が決めていると思いますか？　もちろん決めるのは国会ですよね！　では、その原案は誰が作成しているのでしょうか。じつは、税法は「財務省主計局」が原案を作成し、予算関連法案として内閣から提出されます。これがいままで「大蔵原案」と呼ばれていたものなんですねえ……。つまり、財務省の東大をはじめ超難関大学出身のエリート官僚（？）と呼ばれる人たちが日夜原案を練って、その後、政府税制調査会や自民党税制調査会で調整を加えられ、国会に提出されるんです。

昔から、税金を取る側と取られる側のいたちごっこはいつの時代もなくならないわけですが、中世のフランスでは家の「窓の数」に税金をかけていたため、人々は税金を逃れようと窓の少ない暗い家ばかり建ててしまいました。京都では家の間口の広さで税金がかけられたため、間口の狭いうなぎの寝床みたいな町並みができたわけです。また、固定資産税が建物に課税されるようになってからは、通りから見えないように、どんどん奥に建物がこっそり建てられていきました。だから、町家では奥に蔵がいくつも建っているんですね！

バブルの頃、不動産投資が盛んに行われて土地やマンションが値上がりしたため、それまで損金として経費で落とすことができた土地の取得費にかかる借入金利息が、不動産所得が赤字の場合、損金として認められなくなりましたし、アパート経営でも、最初に減価償却費を多く損金として経費処理できる定率法が建物部分に対して認められなくなりました。

最近の改正では、平成18年4月1日から、一定の要件に該当する会社で、役員報酬に対する「給与所得控除額」相当額が会社の利益と見なされる増税制度が創設されました。これは、例えば1000万円の役員報酬をもらっている社長さんは、220万円の給与所得控除がありますから、この220万円の控除に対しては所得税も住民税もまったくかからずかなりの節税になります。さらに会社も社長さんに支払った役員報酬1000万円すべてが損金（経費）となっていたわけです。

ところが、社長とその親族で会社の株式の90％以上を保有し、かつ社長と親族で常務に従事する役員の過半数を占める会社では、この給与所得控除額220万円が会社の損金にできなくなったんです。ただし、細かな規定があって、会社の課税所得と社長の給料の合計額が1600万円以下のケースや、1600万円超3000万円以下で所得のうち社長の給料の占める割合が1／2以下の場合は適用除外となります。

これは、プチカンパニーをつくって家族でやりたい放題節税していた社長さんに対して、いままでのように野放しでは節税を認めてあげないよ、ということだと思います。

抜け穴があって少しでも水漏れ箇所が見つかると、エリート官僚たちによってすぐに穴がふさがれてしまうんです。いま、不動産投資で盛んに行われている消費税の還付請求も、すぐに穴がふさがれるんでしょうねえ……。

税理士はあなたの味方ではなく、じつは税務署の味方

最初は白色申告でスタートした個人事業主でも、所得が増えてくるといろいろ節税で悩

むことになります。そして、困って税理士さんに相談に行くと、間違いなく青色申告をすすめられます。まず「青色申告特別控除が使えて、所得から65万円差し引けますから、間違いなくお得ですよ！」っていわれます。「ほかにも白色みたいに、配偶者の専従者給与に年間86万円の上限はないですし、損失が出た場合も繰り越しできますし、貸倒引当金処理も可能になりますからねえ……、絶対に青色のほうがいいですよ！」ってね！

じつは税理士は、白色から青色にしてもらうと、ほぼ間違いなくそのお客を自分の顧客として取り込むことができるんです。だって青色申告特別控除65万円を受けるには、いままでと違って複雑な経理処理が必要になってくるんですから……。

白から青に変わった途端に、いままで帳簿なんかつけていなかったのが、突然、複式簿記で帳簿をつけないといけなくなります。これはまず簿記をやったことのない人には理解不能です。総勘定元帳や仕訳帳や現金出納帳などを記帳しろといわれても、ちんぷんかんぷんなのです。極めつきは、貸借対照表と損益計算書などの決算書も作成する必要があります。

ここで、あなたはきっと躊躇《ちゅうちょ》すると思います。「えええー、こんなに大変な経理事務が必要になるんだったら、このまま白色でもいいですけど……」

すると税理士さんは「いままでのように毎月の領収書と請求書だけまとめて1年に3回ぐらい持ってきていただければ、うちのほうですべて記帳し、確定申告までやってあげますよ！」っていうんですねえ。

すると、あなたは「それだったら、いままでと同じなんで楽ですねえ……」とほっとするのです。しかし、ですよ。ふと我に返って「いままで税理士に依頼したことないし、費用っていくらかかるんだろう？」という素朴な疑問が次の瞬間わいてきます。

そこで、あなたは恐る恐る「先生！　いきなりこんなことを聞くのは失礼なんですが……、報酬のほうはどれぐらいみておけばよろしいんでしょうか？」と切り出します。すると先生は、待ってましたとばかりに「そうですねえ……。月々の報酬が2万円と決算書作成・申告で10万円ほどみておいていただけますか？」と軽くいわれてしまうはずです。

ここで、あなたは「わずかな節税のために相談にきたのに、34万円も税理士報酬を払うんだったら、白色でもいいや！」と一瞬顔が引きつることでしょう。すると、それを見透かすように先生は「税理士報酬を引いたとしても65万円の控除やそれ以外のメリットが大きいですから、青色にしたほうが節税効果は絶大ですよ！　それに、税理士報酬も経費になりますしねえ」といってくるはずです。

「経費って、あんた、軽くいうけど、払う側にとっちゃあ大きいよ！」とは思いますが、節税のための必要経費と思い、しぶしぶ青色申告にしてしまうのです。

ところで、昔から税務署は、とても簿記など理解できないような自営業者さんや年老いた大家さんにまで青色申告をすすめていました。これは、帳簿をつけることによって、通帳と照らし合わせたお金の動きが事細かに把握できるため、じつは税務署にとって最もメリットの大きい制度なのです。白色ですと、帳簿がありませんから、おのずとどんぶり勘定になってしまい、正しい所得が把握しにくいのです。

極端な例ですが、私の知っている魚屋さんは、もちろんノートもなく、単にお店につるしてあるカレンダーに仕出しの注文数と金額をメモしているだけでした。そんなもので正しい申告なんかできるはずがないんですが……。

つまり、税務署と税理士は庶民から税金をきちんと徴収するという共通の目的のために存在するわけで、青色申告や会社設立が増えると、収入が増える点では利害が一致しているんですねえ。税務調査のときに一言も反論できない税理士なんぞは、税金を追徴するための税務署の手下みたいなもんなんです。実際、ついこの間まで税務職員だった人が試験免除で税理士になっているケースは山ほどありますからねえ。役人は自分たちの退官後の食いぶちまで考えて、試験免除制度まで用意しているから、驚きでしょ！

会社設立による節税メリットはインチキ！

白色申告から青色申告にしただけでも節税メリットは大きい、と税理士さんは口を揃えておっしゃいます。さらに「個人事業を法人化すると、個人ではできなかったさまざまな節税テクニックが使えますよ！」と説明されると、相談に行った人としては税金をほとんど納めなくてもいいかのような錯覚すら抱いてしまうんです（笑）。

でも、よく考えてごらんなさい。いままで帳簿もつけていなかったのに、会社ともなると、記帳の労力だけでもすごく大変です。税理士さんはきっと「簡単にパソコンに打ち込むだけで帳簿作成ができる『弥生会計』という便利なソフトがあるんです」といってくるはずです。「なんでしたら、うちの事務所で販売もしてますし、入力の指導もさせていただきます」

私はこの言葉を信じて「弥生会計」を買って、記帳指導も受けましたが、結局、自分で入力すらできませんでした。一応、簿記の資格を昔取ったことがあるにもかかわらず……。

さらに、法人設立の登記費用が初期費用としてかかるし、会社となれば、厚生年金や健康保険などの社会保険料負担も発生します。当然、個人の青色申告のときよりも税理士報酬もアップします。そして、法人にすると、たとえ赤字でも、法人住民税の均等割分7万円が毎年かかってきて、個人では全額経費処理できた交際費が400万円の上限で90%しか経費にできなくなるんです。税務調査も入りやすくなります。

それでも「会社にして役員報酬をもらえば、給与所得控除を差し引くことができるので、その分かなりの節税になりますよ!」と説明されるはずです。そして極めつきは、「会社の利益相当分を全部、社長もしくは、家族の給料として取ってしまいますので、会社の法人税はほとんど発生しないかたちになります」と説明を受けます。

そこであなたは、役員報酬や家族の給料は会社の利益に応じていくらでも変更でき、常に会社の利益をゼロにできると思い込んでしまいます。「こんなにいい方法があるんだったら、もっと早く知っておくべきだった!」と、いままでの無知を深く反省するのです……。

しかし、です。実際はそんなに甘くはありません。役員報酬は役員の職務内容に応じて一定の期間（1年程度）、一定の時期（通常毎月）に、一定金額を定額支給するものでなければ、損金算入が認められないんです。つまり、儲かり過ぎたからといって、途中で社長の給料を増やすことができないようになっているんです。

であれば、最初から赤字になるように役員報酬を高く設定しよう、ということになります。すると今度は、じつは儲かってもいないのに、社長個人の所得税が高くなり、その結果、高い住民税と高い社会保険料を無理矢理支払って、社会に思いっきり貢献することになるんです（笑）。

例えば「社長になったんだから、最低でも月50万円は欲しいよなあ……」なんて思いますよね！　このとき、社会保険料がいくらになるかご存知ですか。社会保険料は会社と給料をもらっている本人がそれぞれ折半して半分ずつ納めることになっています。標準報酬月額、つまり社長の給料50万円（通勤交通費も含めたもの）に対し、厚生年金は会社負担7・675％、本人負担7・675％がそれぞれ負担する保険料になります。健康保険のほうは、40歳以上の方の場合、介護保険も含めると4・665％が会社と個人それぞれが負担する保険料となります。

試しにどのぐらいの金額を納めることになるか計算してみましょう。

厚生年金保険料　50万円×（7・675％×2倍）＝7万6750円
健康保険・介護保険料　50万円×（4・665％×2倍）＝4万6650円

このように会社を設立した場合は、いままで毎月1万4410円だった国民年金保険料が7万6750円になり、健康保険料・介護保険料も国民健康保険より負担増になるケースが多いと思います。会社負担分と本人負担分の両方を合わせて12万3400円を毎月支払っていける社長はそんなにいないのではないでしょうか。

そもそも会社をつくるということは、高い志を持って社会に貢献することが目的なのです。よこしまな節税目的なんかで、会社をつくっちゃダメなんですね！

会社をつくった途端に儲けは出なくなる

よく聞く話ですが、個人事業主が会社をつくった途端に儲からなくなります。何人もの社長さんに聞いたのですが、みんな「その通りだ」といいます。儲かってしょうがないから節税目的で会社をつくったはずなのに、なぜなのでしょうか？

さらに突っ込んで聞いてみると、自宅で1人でやっていたときが一番儲かっていたといいます。そういわれると、その通りかもしれません。自宅であれば、家賃を支払うこともないし、電話やファックスやパソコンも家にあるものを使えばいい。インターネットもテレビも新たに契約する必要もありません。応接セットやその他の什器も家にあるものを使えばいいので、ほとんど新たな経費は発生しないのです。

ところが、ほとんどの会社では法人設立と同時に、つい見栄を張って立派な事務所を借りて、高価な応接セットを買ったり、会議用テーブルを買ったりしてしまうのです。

ほかにも、社長が出かけたときに留守番をしてくれる人も必要になってきます。複雑な帳簿づけもしないといけません。

つまり、いままで以上に経費がかかってしまうのです。

もちろん社員を雇った場合は、毎月給料や通勤費を支払わないといけないし、当然、ボーナスもあげなければいけません。退職金も積み立てないといけない。厚生年金や健康保険、雇用保険などの会社負担も発生してくる。もちろん事務所の家賃負担も重くのしかかってきます。当然、事務所が広くなれば、いままでより水道光熱費も高くなります。バリバリ稼いでくれる社員ばかりだといいのですが、なかには自分の食いぶちも稼いでこない万年ダメ社員もいたりします。

私の知り合いの社長の話ですが、社員1人雇うということは、5000万円の長期固定負債を負うのと同じだといっていました。たしかに、正社員を雇うとなれば、社会保険料の会社負担も含めて1人年間500万円ぐらいは必要です。いったん雇うと、簡単に解雇することもできませんから、本人さえその気なら10年ぐらいは平気で雇い続けないといけなくなります。

それでも、支払っている給料の2倍も3倍も働いてくれればいいのですが、なかなかそんなにいい人はいないものです。間違ってへたな社員を雇ってしまった場合は、自分の給料以下の仕事しかしません。一人前になって儲けてくれるまで、何年も先行投資が続くことになります。

会社をつくった当初は、このような状況に陥ってしまい、個人で自宅でやっていたときのほうが儲かっていた、ということになりかねません。そのうち、運転資金が底をついてしまうと、会社なんて途端に倒産してしまうんです。

日本で億万長者なんて愚の骨頂

ここまで読んだだけでも、日本では税制や社会の仕組みを考えると、億万長者を量産するようには決してなっていないことに気づくはずです。じつは、これに気づかないで、一生国家の奴隷のように働いている人がいかに多いことか……。

会社を大きくしようと夜も寝ないで働いて、家庭のことも顧みず一心不乱に頑張って、社長を引退する頃にようやく一財産つくって「これでおれの老後も安泰だし、家族に少しは資産も残せたぞ！」と思ったのも束の間、じつは日本は相続税も異常に高い税率なのです。たしかに、バブル当時の税率75％から50％に軽減されたとはいえ、社長が亡くなると、ある日突然、税務署がやってきて、半分だまって持っていくのだから、泥棒みたいなものですね（笑）。

ひどいケースでは、相続税を支払うために、自分の家を売らなければならないことだって起こりえます。だから、日本ではお金持ちは3代続かないとよくいわれるのです。生きているうちに最高税率40％以上もの法人税や住民税、事業税、所得税をさんざん納めさせておいて、亡くなったときにはまたまた半分を置いていきなさい、というのだから、ひどい話ですね。死人に口なしではありますが、きっと亡くなった本人は「持ってけ、泥棒！」と草葉の陰から叫んでいるに違いありません（笑）。

現在、相続税の基礎控除は5000万円＋1000万円×法定相続人の数ですから、標準的な妻と子供2人の家庭の場合、8000万円の基礎控除しかありません。実際には配偶者への控除や小規模宅地の評価減部分、500万円の生命保険料控除もあるため、土地や建物も含めて1億円程度の財産があったとしても、相続税は現在のところ非課税にはなっています。

でも、国は一生懸命血のにじむような思いで頑張ってきた億万長者に対して、この程度の資産しか認めていないのです。世のため人のために一生懸命頑張ってきた人に対しては、もう少し優遇してあげてもいいのではないでしょうか。そうじゃないと、やはり人間ぐれて家出したくなってくるものです。

ここ最近、国内の高い税率を嫌って、盛んにタックスヘイブンの国で投資したり、会社を移したり、居住を移す動きがお金持ちの間で出ていますが、すでにぐれた人たちの反乱が起きています。お金は規制のない自由な国が好きなのです。人もお金も常に居心地のいいところを求めて移動するものなのです。

じつは、日本では少し前に「一億総中流」という言葉が盛んに使われていましたが、日本は、国民全体が等しく平等にそこそこ豊かになることを目指した制度になっています。つまり、制度をつくった官僚たちが一番居心地がいいような制度をつくってしまったのではないでしょうか。だから、日本で億万長者を目指すなんて愚の骨頂なのです。

高給の医者は本当に成功者か？

最近、各地で救急車で病院に搬送中にいくつもの病院から受け入れを拒否され死亡するケースが相次いで発生しています。これはなにも産婦人科に限ったことではなく、全国的に慢性的な医師不足がこのような結果を招いているようです。どこの病院にも当直の医師がいないというのが主な理由です。

医療・介護情報サービスのキャリアブレインのＣＢニュースによれば、地域の中核病院に勤務する医師の25%が36時間以上の連続勤務を行い、26%の医師は30時間以上36時間未満の勤務で、過半数の医師が30時間以上の連続勤務をしている実態が明らかになりました。連続勤務をしたあとに代休を取れるのは、そのうちわずか4%だそうです。1週間の労働時間も70時間以上が26%、60時間以上70時間未満が28%ということですから、医師の過酷な勤務実態が問題になっています。

人事院が発表している平成19年度の職種別民間給与実態調査によれば、病院長や副院長、医科長などの役職者以外の医師の平均給与は39・8歳で月額94万8259円になります。そのうち時間外手当はわずか9万9070円しかないんです。労基法は1日8時間、週40時間を超える場合は、時間外手当として割増賃金を払うよう規定しています。とくに午後10時から朝5時までは5割増しの賃金を支払わないといけませんから、週70時間も働いていたら、絶対に割増賃金だけで基本給をオーバーするはずなんですね! でも、実際は10万円そこそこの残業代しかもらってないのですから変ですよねえ……。

じつは、当直の日も連続の残業勤務にすると膨大な時間外手当を払わなければいけないので、時間外手当を払わなくてもいい宿直という扱いにして勤務させているんです。昔は学校の用務員さんや先生なんかも宿直という制度があって、宿直室でくつろいでお酒を飲んだり麻雀したりしていたものですが、医師の場合はそうはいきません。仮眠を取る暇もなく急患対応に追われていても、労基法上では、宿直扱いで手当は通常勤務の1／3以上支払えばいいんです。これほど忙しい先生方に夜も一生懸命仕事をさせておいて1／3はないですよね！　しかも宿直明けということで、病院に泊まっただけという解釈ですから、次の日はまともに朝から通常勤務が待っているわけです。これじゃあ医療ミスが起きないほうが不思議だと思いませんか。いくら月100万円もらったって、夜勤までして人の倍働いているんだから、割に合わないですよね！

「開業すれば、どこのお医者さんも行列ができていていいじゃないか！」という声がどこかから聞こえてきそうですが、たしかに開業すると、勤務医の3～5倍の年収に一気に跳ね上がります。勤務医時代は、開業するまでの丁稚奉公みたいなもんだという人もいますよね！

でもね、開業すると、今度は朝から晩までトイレに行く暇もないぐらい患者さんが押し寄せて、お昼もゆっくり食べる暇がないんです。看護師さんや事務員さんの生活も先生の腕にかかっていますから、病気ひとつできないですし、ましてや、たまにゴルフなんかしてケガでもしたら、全職員と家族を路頭に迷わすことになってしまうんです。個人の開業医の場合、病院の中で診察できるのは、普通は先生1人だけですからねえ……。

そして、医者の不養生とはよくいったもんで、開業医の先生ってよく病気になる方が多いんです。私も保険会社にいたからわかるのですが、いつもイスに座って「はい、次の方！」っていってるだけでしょ！　だから、けっこう運動不足の先生が多いんです。それでいて、奥様やお手伝いさんが先生に倒れられたら大変だからと気を使って、おいしいものを毎日張り切ってつくっちゃうんです。お金があるから、いいものばかり食べているでしょ。すると、たいてい何年かして糖尿病になったり、お酒で脂肪肝や肝硬変になったり、タバコを吸う先生もけっこういらっしゃるので、病気になってしまう方が多いんです。

保険会社からすると、じつは意外と医療関係マーケットは損害率が高いんですねえ。先生方、健康には充分ご注意くださいね。

弁護士はあこがれの職業ではなくなった

弁護士といえば、お医者さんと並んで誰もがあこがれるお金持ち職業です。就業者数

2万2000人、平均年収も2000万円を超えるといいますから、うらやましい限りですよね！

でも最近、ちょっと異変が起きてきました。司法試験が超難関試験だった頃は、せいぜい年間1000人程度の合格者だったので、訴訟代理権を独占していましたが、いまや年間2000人以上が合格する事態となりました。そして2010年には、年間3000人の合格者が誕生する予定になっています。

日本弁護士会連合会の調査によると、2008年中に弁護士登録を希望する司法修習生2200人のうち、800人ほどが就職先を見つけられない可能性があるといいます。もちろん、これは国の司法制度改革に基づいて、今後、日本もアメリカのように訴訟社会に移行するという予測や企業内弁護士の需要が増大するという想定の下に作成されたわけですが、明らかに予測が外れてしまったようです。

司法修習を終えて弁護士になるには、通常、弁護士事務所でイソ弁（居候《いそうろう》弁護士）として働きながら、ボス弁（経営者の弁護士）から給料をもらいノウハウを学んで独立するわけですが、2年前までは初任給は600万円台が相場でした。それが、いまや500万円台が主流になっているといいます。なかには出来高払いという新人弁護士もいるそうです。

こうなると、完全歩合給のセールスマンといっしょで食えない弁護士も出てくるということです。

さらにひどい場合は、ノキ弁というのがあります。これは、弁護士事務所のボス弁から「もうイソ弁は雇えないよ！」といわれ、仕方がないので「自分の食いぶちは自分で稼ぎますので、しばらく軒先だけ貸してください！」ということで、机だけ1つ借りて仕事をしている弁護士のことをいいます。

もともとはイソ弁だった弁護士が、最近の売り上げ減少によって、ボーナスが出なくなり、そのうち給料も出なくなって、しまいには「コピー代とかファックス代とかばかにならないんで、経費分だけは払ってよ！」といわれるそうなのです。いまや弁護士でも食えない時代がやってきたんです……。

法曹人口の増加を目指して設立された法科大学院には、当時、会社を辞め一大決心をして弁護士を目指したサラリーマンも多かったはず。そんな人たちにとっては、まさに官僚の気まぐれにつきあって、人生をほんろうされてしまったようなものです。弁護士資格さえあれば一生安心と思って飛び込んだはずなのに、実際には高学歴ワーキングプアだったのです。

この国では賢い人は官僚を目指す！

日本は先進国の中でダントツの官僚天国です。実務のわからない国会議員の先生方を騙せば、いくらでも自分たちの好きなように法律をつくることができます。国家を好きなように動かすことができるのです。

イギリスの政治学者パーキンソンによれば、官僚制の下では、役目が終わったからといって仕事がなくなることはないそうです。たしかに、彼らは楽な職場を既得権としていかに維持するかということしか考えていないから、一度予算をもらったら絶対に減らすことはしないし、人も減らしません。それどころか、勝手にいろいろな仕事をつくって組織をどんどん大きくし、最終的には自分の天下り先までつくり、局長クラスで6500万～7000万円以上もの退職金をもらって、さらに天下り先で2000万円もの高給を税金からむしり取っているのです。当然、天下り先を去るときも多額の退職金をもらうのはいうまでもありません。

ところで、アメリカの金融危機以降、日本でも実体経済は瞬く間に悪化しました。こんなにも世の中の景気が一気に冷え込むとは、誰も予想できませんでした。おかげで内定を取り消される学生も出ています。今年は間違いなく、公務員人気が復活するはずです。

先日、ある大学生がテレビのインタビューで「こうなったら公務員を目指すしかない」といっていましたが、日本社会の仕組みを少しでも知る者にとっては当然の話です。この学生は、財務省に入りたいとのことでした。なかなか鋭い！　国家の予算を司《つかさど》る部署であるし、徴税権や税務調査権、査察権も持っているから、財務省は野党議員からも一目置かれています。国有財産の管理運用も任されていますし、おまけに財務省といえば、金融機関への天下り先もたくさんあります。日銀の総裁はさすがに無理にしても、財務省にいれば、うまくいけば第二地銀あたりの頭取に天下ることだって決して夢ではありません。

仮に銀行に大卒で入って、一生懸命、何十年も頑張って、いくら優秀な成果を上げていても、なかなか役員にまでなれるものではありません。かなり運も必要です。ましてや頭取ともなれば、全行員の中で選ばれて勝ち残った1人です。決して本人の努力だけでなれるものではありません。でも、国家公務員採用I種試験に合格して、財務省に入ることができれば、天下り制度を利用することによって、頭取になる可能性は格段に上がるのです。

かくして日本では、東大卒のエリートはキャリア官僚を目指すことが多いのです。地方の税務署長や県警本部長、民営化前の郵政局長など、めちゃめちゃ若い顔して中央から赴任してくるのを見たことがあると思います。いままでキャリア組は昇進試験もなく、誰もが課長級まで横並びに年功序列だけで昇進していきました。まさに官僚天国日本なんです。

現在、国と地方を合わせて約400万人の公務員がいますが、公益法人や第三セクターに補助金として支払われる人件費も含めると、なんと国税と地方税収入の半分がこれら役人の人件費に消えています。昔から役人に国の舵取りを任せると国が滅ぶといわれていますが、このままいけば、せっかく自分たちで築き上げてきた数々の特権も自ら食いつぶしてしまうことになるかもしれません……。

マイホームを持てば、一生お役所と銀行の奴隷になる

マイホームはどこの家庭でも一生の夢ではありますが、果たしてほんとうにいまマイ

ホームを買って大丈夫なのでしょうか？　小さなお子さんがいるご家庭では、週末にたくさん入ってくるチラシを見て、こんな会話になることでしょう。

奥さん「ねえ、パパ！　うちもたまには散歩がてら住宅展示場でも見に行かない？　今日行くと、新米が5キロもらえるそうよ！」

パパ「えっ！　そうなんだ。子供もぐずっているし、たまには冷やかし半分で見に行ってみるか」

ということで、家族サービスも兼ねて住宅展示場に行くことになります。ここから先は容易に想像できると思いますが……。

子供「ねえ、パパー。ぼくこのおうちがいいー。このおうち買って！」

パパ「急にそんなこと言ったって、パパいまお金ないから買えないの！　もう少しお金が貯まったらね！」

ここで展示場の敏腕営業マン登場！

営業マン「いま、フラット35でしたら、ほとんど頭金なしでご購入いただくことが可能です」「住宅ローン減税も10年間適用になりますので、ほとんどの方が所得税はタダになりますよ！」

パパ「フラット35って、あんた。ふらっと住宅展示場に来ただけなのに、弱ったなあー」
営業マン「なんでしたら、詳しいご説明とお客様のケースでどれぐらいお借り入れ可能か、いますぐお出しいたしますので」
子供「ぼくもあそこに座ってジュースほしい！」
ちょうどタイミングよく子供がダダをこねるのです。ここからあとは敏腕営業マンの思うつぼ。どんどん話が具体的になって、ついにはマイホームの契約書にサインをしてしまうのです……。フラット35はまさに政府の国策と銀行の戦略がマッチした素晴らしい商品なのです。
ちなみに、フラット35の特徴はというと、35年間固定金利だということと、保証料や返済手数料がいらないこと、そして年齢の高い方には親子リレーローンを利用して35年の融資を可能にしていることです。現在の金利は35年固定で2・8〜3・2％ぐらいになっています。子供にまで借金背負わせるなんて、すごいですよね！
仮に、現在のみずほ銀行の金利3・1％で4000万円を借りて35年ローンを組んだ場合、返済総額は6567万円にもなります。月々の返済額は、ボーナス返済を3割併用したケースで、11万円もの支払額になるんです。もちろん年2回のボーナス時には、28・

3万円を35年間ずっと支払い続けないといけないわけです。

これで、どうなると思いますか。住宅を買った人はたいてい新しい家具やカーテン、家電製品をそろえたり、カーポートを設置したり、庭をきれいにしたりして、お金を使ってくれます。その経済効果は計り知れないくらいです。その結果、日本経済が活性化されて、消費税、登録免許税や印紙税、不動産取得税、固定資産税など多額の税金が国や地方へ転がりこむわけです。

とくに、固定資産税は所有している限り一生払い続けるわけですから、地方税としては本当においしい税金ですよね！

政府は景気対策の柱として住宅ローン減税を過去最高の600万円程度まで引き上げるといっています。借入金の上限も5000万～6000万円程度に引き上げるそうです。これで日本国民に多額の借金を背負わせて、挙句の果てに多額の税金を吸い上げようということのようです。儲かるのはお役所と銀行だけという恐ろしい政策に飛びつかないほうがいいと思うんですが……。

ふらっと展示場に行って、35年間、お役所と銀行のために奴隷労働をしている国民はあまりにも多いのです。

じつは税率23％の小金持ちが一番効率的

サラリーマン時代は給料から税金が天引きされていたおかげで、ほとんど税金のことなんか気にもしていなかったのが、リタイアした途端に、こんなに税金を支払っていたのかと改めて気づかされました。

サラリーマンのときは、昇給しても自分の手取りがいくら増えたのかしか興味はなく、国にいくら源泉徴収されようが、住民税がいくら高かろうが、決まりなんだからしょうがないぐらいにしか思わないものです。アメリカでは源泉徴収されているサラリーマンでも必ず各自が自分で確定申告をしなければなりません。だから、アメリカ国民として連邦税や州税を納めているという意識は非常に高いし、役人の無駄遣いに対しても国民の目はとても厳しいのです。

そもそも日本の源泉徴収制度は1940年当時、戦費調達のために確実に国民から税金をまきあげるための制度としてスタートしています。それがいまだに続いているものだから、国民は税金に対して無知なままなんです。これは税金を徴収する側にとって好都合なものです。いくら税金を勝手に上げようが、鍋の中の茹でガエルといっしょで、サラリーマン全員が干あがってしまうまで気づかないかもしれません（笑）。

現行の所得税率は課税所得金額に応じて6段階に分かれており、1000円から194万9000円までは5％、195万円から329万9000円までは10％、330万円から694万9000円までは20％、695万円から899万9000円までは23％、900万円から1799万9000円までは33％、1800万円以上は40％となっています。このほかに、どの階層にも住民税が一律10％かかるし、事業を営んでいる場合は290万円の事業主控除を超える部分に業種によって3～5％の事業税も発生します。

左記の表で、所得控除額を差し引いた実効税率を見てください。みなさんはどの階層が最も居心地いいと思うでしょうか。もちろん、所得金額は多いに越したことはありませんが、私は税率23％の世界が一番居心地がいいと思っています。なぜ5％、10％、20％と来て、次が23％と3％しか上昇しないのでしょうか。その秘密は後ほど触れさせていただきます。

課税所得で900万円というと、標準的なサラリーマン世帯であれば、なんと年収ベースで1400万円を超えるのです。それでいて、住民税も含めた実効税率は25・9％です

実効税率早見表

配当所得のない場合										
課税所得金額		所得税		道府県民税		市町村民税		合計		
(万円超)	(万円以下)	税率	控除額	税率	控除額	税率	控除額	税率	控除額	実効税率
	万円	%	千円	%	千円	%	千円	%	千円	%
	195	5	–	4	–	6	–	15	–	15
195	330	10	97.5	〃	–	〃	–	20	97.5	17
330	695	20	427.5	〃	–	〃	–	30	427.5	23.8
695	900	23	636	〃	–	〃	–	33	636	25.9
900	1800	33	1536	〃	–	〃	–	43	1536	34.4
1800		40	2796	〃	–	〃	–	50	2796	–
3000万円									1296万円	43.2
4000万円									1720.4万円	43.0
5000万円									2220.4万円	44.4
6000万円									2720.4万円	45.3
7000万円									3220.4万円	46.0
8000万円									3720.4万円	46.5
9000万円									4220.4万円	46.9
1億円									4720.4万円	47.2
1億2000万円									5720.4万円	47.7
1億4000万円									6720.4万円	48.0
1億6000万円									7720.4万円	48.2
1億8000万円									8720.4万円	48.4
2億円									9720.4万円	48.6
2億2000万円									1億720.4万円	48.7
2億4000万円									1億1720.4万円	48.8
2億6000万円									1億2720.4万円	48.9
2億8000万円									1億3720.4万円	49.0
3億円									1億4720.4万円	49.0

(注) 実効税率は課税所得欄の右側の金額に対する割合。所得税と地方税では所得控除が異なる。
(出所)『税理士のための確定申告事務必携』(清文社)

から、仮になんらかの副業を持っていて5%の事業税を支払ったとしても、30%程度の実効税率で収まってしまうことになります。ここを超えてしまうと、事業税も含めれば実効税率4割の世界に突入します。こうなると、一気に重税感が出て、せっかく利回り20%の物件を買ったとしても、利回り12%の物件を取得したのと変わらなくなってしまい、やる気はいっぺんに失せてしまうのです。

手取り1000万円でも普段の生活は億万長者と一緒

そもそも、お金がたくさんあることと、幸せかどうかということは、直接的には関係がないと思っています。

お金がたくさんあっても、忙しくて自分の時間がまったくとれないと嘆いている方もいるし、へたにお金があるために、いつも愛人をつくって家族を不幸に陥れているケースもあります。また、裕福であるがために、子供たちが苦労を知らずに育ってしまい、社会に適応できなくなってしまうことも、とても不幸なことです。お金があるために、おいしいものばかり食べて、病気に苦しんでいる方も意外と多いのです。

お金は決して人生において有り余るほど必要なものではありません。かといって、いつも月末になると財布にお金がないというのも悲しい人生ですよね。そこで、私がこの本を書いた目的のひとつは、税制を考えたとき、日本では小金持ちを目指すのが一番いいのではないかと思ったからです。

具体的に小金持ちとはどれぐらいの年収を指すのかといえば、私は可処分所得(手取り)で1000万円程度をイメージしています。夫婦と子供2人の標準世帯の場合、給与所得者であれば1448万円までが、私のいう小金持ち層です。

給与所得者で1448万円もあれば、そこそこプチリッチ生活ができるはずです。そして、ちょうど所得税率も23％以内のところに収まるし、年間可処分所得もゆうに1000万円を超えます。

個人事業主であれば、給与所得控除がないため、所得金額で1152万円までがちょうど所得税率23％の範囲内ということになります。個人事業主の場合、収入から所得税、住民税、社会保険料を引いた可処分所得は830万円と低くなってしまいますが、車の経

最も効率のいい給与は 1448 万円

40 歳以下のサラリーマンで、妻１人、子供２人（16 歳未満）の扶養家族を持つ

年収 1448 万円（うち給与 800 万円、賞与 648 万円）

厚生年金保険料（平成 20 年９月以降）7.675%
協会健保保険料　　4.1%
厚生年金の賞与上限　150 万円（１回につき）
協会健保の賞与上限　540 万円（年間）

給料分の社会保険料
　800 万円 ×（7.675%＋4.1%）＝94 万 2000 円

賞与分の社会保険料
　厚生年金　150 万円 × ２回 ×7.675%＝23 万 250 円
　健保　540 万円 ×4.1%＝22 万 1400 円

社会保険料合計　139 万 3650 円

生命保険料支払額　24 万円
個人年金保険料支払額　24 万円
地震保険料支払額　５万円

均等割税率　県民税　1000 円　　市民税　3000 円

20 年分所得税・21 年分住民税

所得及び所得控除					
所得金額（給与所得控除後）		12,056,000	（参考）	給与所得	12,056,000
所得控除の合計額	所得税	3,063,650		年金所得	0
	住民税	2,808,650		その他の所得	0

所得税		
算出税額	8,992,000×23%−636,000＝1,432,160	1,432,160

住民税	市民税	県民税	合計
算出所得税	9,247,000×6%＝554,820	9,247,000×4%＝369,880	924,700
	554,820	369,880	
人的控除調整	(200,000−(9,247,000−2,000,000))×3%＝−211,410	(200,000−(9,247,000−2,000,000))×2%＝−140,940	2,500
	(課税所：9,247,000、人的差：200,000) 1,500	(課税所：9,247,000、人的差：200,000) 1,000	
住宅借入金控除	住宅ローン控除の対象外	住宅ローン控除の対象外	0
	0	0	
差引所得割	554,820−1,500＝553,320	369,880−1,000＝368,880	922,100
	553,300	368,800	
均等割	3,000	1,000	4,000
年税額	553,300＋3,000＝556,300	368,800＋1,000＝369,800	926,100
	556,300	369,800	

最も効率のいい事業所得は1152万円

40歳以下の個人事業主で、妻1人、子供2人（16歳未満）の扶養家族を持つ

年収1152万円

国民年金保険料（平成21年分）1万4660円×12カ月＝17万5920円
国民健康保険（富山市の上限）68万円

社会保険料合計　85万5920円

生命保険料支払額　24万円
個人年金保険料支払額　24万円
地震保険料支払額　5万円

均等割税率　県民税　1000円　　市民税　3000円

20年分所得税・21年分住民税

所得及び所得控除					
所得金額		11,520,000	（参考）	給与所得	0
所得控除の合計額	所得税	2,525,920		年金所得	0
	住民税	2,270,920		その他の所得	11,520,000

所得税		
算出税額	8,994,000×23%−636,000＝1,432,620	1,432,620

住民税	市民税	県民税	合計
算出所得税	9,249,000×6%＝554,940	9,249,000×4%＝369,960	924,900
	554,940	369,960	
人的控除調整	(200,000−(9,249,000−2,000,000))×3%＝−211,470	(200,000−(9,249,000−2,000,000))×2%＝−140,980	2,500
	(課税所：9,249,000、人的差：200,000) 1,500	(課税所：9,249,000、人的差：200,000) 1,000	
住宅借入金控除	住宅ローン控除の対象外	住宅ローン控除の対象外	0
	0	0	
差引所得割	554,940−1,500＝553,440	369,960−1,000＝368,960	922,300
	553,400	368,900	
均等割	3,000	1,000	4,000
年税額	553,400＋3,000＝556,400	368,900＋1,000＝369,900	926,300
	556,400	369,900	

費、電話代、コピー代、水道光熱費、接待交際費などすべての経費を差し引いた残りが830万円なのですから、給与所得者に見合う金額だといえるでしょう。

ふつうのサラリーマンだと、これだけの収入を得るのはなかなか難しいと思いますが、本書で述べるように、サラリーマンの収入と投資による収入をうまく組み合わせれば、それほど無理なく実現することができると思います。

可処分所得で1000万円もあれば、年に2～3回の海外旅行もできますし、スーパーに行っても養殖（愛媛県産）と書いた2切れ298円のブリではなく、天然物（富山県産）580円のブリを迷わず手に取ることができるはずです。

リタイアしてからというもの、私もたまにブリ大根をつくったりするのですが、一度、養殖物のブリとは知らずに買ってしまったことがあります。ギラギラの脂で身が崩れてなくなってしまうブリを見てから、絶対に天然物しか買わないようにしています。養殖物のあの脂ののり方は異常としか思えないですよね！　所詮、億万長者だって、毎日、松阪牛や北海道からタラバガニを取り寄せて食べているわけではないし、いつもデパ地下で買っているわけでもありません。普段はお手伝いさんが近所のスーパーへ買い物に行っているわけだから、可処分所得1000万円もあれば、大差ない食生活はできるのです。

第2章

手取り1000万円の小金持ちになるには自己投資が大事

お金教育をしないことが日本人を不幸にしている

日本人ほどお金にうとい国民はいないようです。サラ金や０９０金融、振り込め詐欺などは、きっとアメリカやヨーロッパの国々では成り立たない商売のはず。借りたら破綻するしかない、借金取りに追われて、へたをすると命まで取られかねないサラ金や０９０金融に手を出してしまうのは、愚かとしかいいようがないことです。

日本で振り込め詐欺の年間被害額は、ここ数年なんと２５０億円にも上るし、騙される愚かな国民も2万人にも及んでいます。先日、北海道の66歳の女性が、銀行員の「これは振り込め詐欺ですよ」という1時間に及ぶ説得にも応じず、「振り込まないと息子が大変なことになる！」といって、１４０万円を騙し取られてしまいました。もちろん一番悪いのは、詐欺を働いているやつらですが、ここまでくると世の中の仕組みや法律知識、お金の勉強をしてこなかった本人のせいでもあるような気がします。

狩猟生活や農耕生活で暮らしていた時代であれば、狩りのことや、山菜のとれる場所や農作業のことを知っていれば生きていけたのでしょうが、「和同開珎」という貨幣を使い始めて以来、お金の知識を持っていないと騙される時代になったのです。それから1300年以上も過ぎているのに、日本国民の金融知識と法律知識は本当にお粗末なものですよね。

誰が考えたって、民事不介入が原則の警察が交通事故の当事者の家族にまで電話をかけてきて、相手と示談するようにすすめるはずもないし、事故の当日、相手や代理人の弁護士にお金を振り込むことなどありえませんよね。

マネー教育先進国であるアメリカでは、幼稚園からハイスクールまで成長過程に応じてお金に関する授業が用意されています。ハイスクールの生徒が実際に株取引を行ったり、企業家の講義を聞いたり、早い段階からお金の知識を身につけさせていますし、家庭でも子供にお手伝いをさせてバイト代を払い、お金を稼ぐことの大変さを教え込んでいます。

資本主義社会で生きていくには、お金の知識なしでは生きていけないはずです。アメリカの大学には経営学部に不動産学科まで用意されています。幼稚園から大学まで、お金は汚いもの、卑しいものという風潮しか植えつけない日本の学校教育は異常としか思えません。かわいい自分の子供にお金の知識をなにも教えないまま、クレジットカードやキャッシュカードだけを持たせて、いきなり社会に放り出す日本の親は「バカ親」としか思えません。なにもしないで、それを放置している国も同罪だとは思いますが……。

ユダヤ人に学ぶ「タルムード」の教え

ユダヤ人は世界に１４００万人しかいませんが、その優秀さたるや素晴らしいものがあります。もちろん古くはキリストやアインシュタイン、フロイトやマルクス、チャプリン、近年ではキッシンジャーやグリーンスパン、ジョージ・ソロス、ピーター・ドラッカー、マイケル・デル、スティーブン・スピルバーグ、ビル・ゲイツなど、多彩な成功者を多く輩出しています。

ノーベル賞においても、過去の受賞者７００人に占めるユダヤ人の割合は20％にも上ります。日本人はというと、約1億３０００万人もいてわずか0・2％ですから、いかにユダヤ人がすごい功績を残しているかがよくわかると思います。

なぜ彼らはこんなにも優秀なのでしょうか。その秘密は、ユダヤ教の教えである「タルムード」にあるといわれています。その教えとは、どのようなものなのでしょうか?

まずキリスト教や仏教と明らかに違うところは、お金に関する考え方です。キリスト教や仏教では、富やお金は卑しいものと位置づけられ、清貧をよしとしています。その点、ユダヤの教えには「富は要塞であり、貧苦は廃虚である」というものがあるくらいだから、どちらかというと、貧乏は悪いものととらえられています。そのほかにも、人生を積極的に生きるために数々の教えがあります。例えば「他人とは違ったものを発見せよ!」「生涯にわたって学び続けよ!」「金は奪われるが身につけた知識は奪われない!」「知識より知恵を重視せよ!」「相手の話は自分の話の2倍聞け!」「逆境こそチャンスと考えよ!」「最も大切なことは研究ではなく実行である」「ある人は若くして老い、ある人は老いても若い」「お金より時間を大切にせよ!」「弱者に奉仕せよ!」「家族を大切にせよ!」といった具合です。

5000年の歴史を持つユダヤ民族は、メソポタミアのユダヤ王国を追われて以降、20世紀半ばまで安住の地を得られなかった民族です。いつ富や財産を奪われるかわからない不安が、逆に絶対に奪われないものを身につけようという発想を生み出し、それが子供たちへの教育として脈々と受け継がれてきたのです。やはり、富を築くには、このユダヤのタルムードの教えのように、まず知識を身につけることが大事なのです。そして知恵を働かせて、逆境にもめげず行動に移せば、富は自然と寄ってくるはずです。

そして、生涯にわたって学び続けることこそ、私は最も大切なことだと思っています。まさに「タルムード」の教えこそ、めまぐるしく変化する現代社会においては、最も注目すべき教えなのではないでしょうか。まずは自己への投資から始めればいいのです。

一番安くて投資効率がいいのは投資本

私は、もともと学生時代に本を読んだ記憶はほとんどありません。唯一読んだのは五木寛之の本ぐらいです。その後、社会人になって読んだのは、当時から「お金儲けの神様」と呼ばれていた邱永漢のお金に関する本でした。

20代後半からは株にのめり込んでいったのですが、これといって株の本を読んだ記憶もありません。では、そんな私がなんで投資本を読めとすすめるのかというと、じつは本を書く側になって初めてわかったのですが、200ページ以上もの本を書くには、かなりの内容を用意しなければ書けないからです。つまり、1冊の本を書くということは、そのテーマについてその人の持っているノウハウや経験がほとんどすべて書き尽くされているわけです。それを1冊1500円程度で買えるのですから、本はものすごく安いといえるでしょう。

例えば、不動産投資や株のセミナーで、私が本と同じ内容を3時間かけてしゃべったとします。すると、セミナーの受講料は一気に本の値段の10倍の1万5000円くらいになります。もちろん、DVDも同じ値段で売られています。つまり、1冊の本にはそれだけの価値があると思って間違いありません。

私が尊敬する株の権威、林輝太郎先生は、株の本なんて普通は2冊も出したら、あとは書くことがないはずだ、とおっしゃっています。私も株の本を1冊出したことがありますが、たしかにそのとおりなのです。株のやり方なんて1冊の本で書き尽くされてしまいます。もし3冊も4冊も次々出している人がいるとすれば、きっと同じことを手を替え品を替え見せているだけでしょう。そんな本は、単につまらないだけの本といえます。たとえ1500円でも、投資するに値しません。

不動産投資の本を書いている仲間の話を聞いていても、たいがいは1冊目でノウハウを全部出しきってしまい、2冊目を書いてくれといわれても、なかなか書けないといいます。まさにこれが正直なところなのです。

では、書き続けるには、どうしたらいいのでしょうか。先日『女性の品格』（ＰＨＰ新書）でベストセラー作家となった昭和女子大学学長の坂東眞理子さんに聞いてみたところ、インプットがないと書けないとおっしゃっていました。坂東さんはすでに公務員現役時代から毎年2冊ペースで本を出しておられ、累計50冊もの本を出版されていました。やはり、新しい経験や知識、研究など、インプットを毎年されているから、書き続けることができるのです。

不動産投資や株などの投資本を何冊も出している人の場合は、最初の処女作が一番ノウハウが詰まっていると考えていいでしょう。その後も出し続けているなら、本人がいかに進化しているかを見てから買うのがいいと思います。本を書く者にとっては、常に新たなインプットがないと書き続けることは不可能なのです。

わずか１５００円で最新のノウハウを手に入れることができるのだから、やはり、投資本は一番投資効率がいいといえるでしょう。

CDやDVDも投資効率は抜群！

本ほどではありませんが、CDやDVDも投資効率は抜群です。一度買ってしまえば、なにより視覚や聴覚に何度も繰り返し訴えることができるからです。とくに車などで移動する時間が多い人にはうってつけだと思います。投資の世界でカリスマ的存在の方や自分の尊敬する投資家のCDはモチベーションを維持するためにも、とても有効なのです。

投資や事業で成功するかどうかは、もちろんテクニックやノウハウも大事ですが、じつは失敗してもあきらめないで何度でもチャレンジし続けられるかどうかにかかってきます。つまり、成功のカギは高いモチベーションを維持することなのです。

何年後にリタイアしたいとか、いつまでにこれだけのキャッシュフローを得たいというように具体的な目標がある人であれば、尊敬する投資家が語りかけてくれることによって、常に自身の潜在意識に将来の自分を焼き付けることができます。その結果、目標を実現するために、いつも全力で頑張れるし、最優先で行動することも可能なのです。

周りの成功している投資家を見ていつも感じるのは、モチベーションの高さと行動力とスピードです。この3つを維持するためにも、CDやDVDはすごく有効な教材なのです。たしかに、本に比べれば10倍以上の値段かもしれませんが、それによって目標に早く到達できれば安いもの。1枚のCDやDVDとの出会いが、あなたの将来を劇的に変えてくれる可能性があるのです。1万円や2万円程度の投資を惜しんでいるようでは、投資の世界で成功するのはなかなか難しいでしょう。

先日、30歳代のある不動産投資家の方から、私と「キャッシュフロー101」こと加藤ひろゆき氏との対談CDを50回も聞いたとの報告を受けました。さすがに50回も聞いたといわれると、驚いてしまいます。それほど彼にとっては魅力的だったのかと思うと、私としてもうれしくてしょうがありません……。

そのCDは、2人でサイパンに旅行した際に、マニャガハ島のビーチとフェスタリゾートホテルで収録したものです。タイトルは『若くして豊かに引退する方法』。株や不動産投資でいかに豊かに引退するかについて、2時間以上にわたって対談したものです。高利回りの新築アパートをいかにしてつくり出すかについても話をさせていただきました。

その後、その30代の投資家の方からメールをいただいた際には、もう新築の戸建賃貸物件を私が建てた建築業者に発注したということでした。やはり50回も聞くような方は、行動力とスピードが違いますね。きっといま頃は、完成して満室になっていると思います。すでに彼はRC（鉄筋コンクリート）の4階建ての物件を持っているので、CDのタイトルのとおり、若くして引退する日も近いのではないでしょうか。

セミナーも効率のいい自己投資

ここ数年は投資関係のセミナーが大はやりです。自分でお金を払ってもいいから、とにかく成功者のノウハウややり方に学ぼうという人がかなり多くなってきました。自分で一から投資について学ぶには時間も労力も膨大にかかりますし、なにより失敗ばかりしていては、いつになったら成功できるかわかりません。それよりも、成功者に直接学んだほうが、失敗を避けて通れますし、成功する確率もより高くなるはずです。

セミナーのいいところは、あこがれの講師から直接ライブで話を聞くことができ、自分が疑問に思っていることを質問できたりするところです。じかに話を聞くことにより、リアルに潜在意識に焼き付けることもできます。ただし、セミナーの場合は、繰り返し聞くことができないのが唯一の欠点です。

しかし、その分、セミナーではお得な利用方法があります。それは講師の方と名刺交換することにより、講師の方の連絡先やメールアドレスを知ることができることです。

意外と日本人はシャイだから、私の経験でもセミナーで名刺交換を申し出てくる人は100人のうち10人もいません。ところが、積極的にセミナーに参加してネットワークや人脈をつくっていく人は、必ず自ら休憩時間などに名刺交換を求めてきます。私がセミナーで講師をした際にも、いまになって思えば、不動産投資家として名を馳せている錚々《そうそう》たるメンバーから名刺交換を求められました。

有名ブロガーでもある「あかちゃん」こと赤井誠氏や、北の人民「キャッシュフロー101」こと加藤ひろゆき氏、所有物件400室超の「三代目大家マサ」氏、「NSXアパート経営」の松田淳氏、「投資家けーちゃん」こと寺尾恵介氏、九州の洗練された投資家「ドラエモン」さんなど、やはりセミナーを100パーセント活用している方々は違います。北海道や九州から飛行機を使って、宿泊代を負担したとしても、安いということを彼らは知っているのです。

当然、参加した投資家同士でも声を掛け合って名刺交換しているから、いろいろな人脈が増えていく。その後、赤井氏は『めざせ！　ゼロからの不動産投資』という本をすばる舎から出しているし、加藤ひろゆき氏も『ボロ物件でも高利回り　激安アパート経営』をダイヤモンド社から出版しています。投資家けーちゃんも『全国どこでもアパート経営』という本を筑摩書房から出しています。人脈づくりがうまい人は、結局、金脈づくりもうまいといえるでしょう。

セミナーであれば、無料のセミナーだろうが、有料のセミナーだろうが関係ありません。セミナーに参加して投資効率を上げるのは、参加者自身の腕にかかっているということなのです。

社会人になってからの勉強が格差社会をつくり出す

私はサラリーマン時代、5つの会社を転々としていました。一番長くお世話になった損保会社で最も残念に思ったことは、いい家庭に生まれて、いい高校、いい大学へと順調に進んできた人たちが、俗にいう、いい会社に入った途端にまったく勉強しなくなることです。世にいう一流企業に入ったから、それでゴールだと思ってしまうのでしょうか。

新卒で入社してくる連中は、東大や京大、早稲田、慶応など難関大学と呼ばれている大学出身者がごろごろしています。もちろん、文系の学生はさんざん大学で遊んできたため、社会に出て使い物にならない人も一部にはいますが、どうもそれだけが原因ではないのです。

例えば、社会に出て、業務に必要な知識は真っ先に身につけなければならないはずですが、それすら日々の仕事以外の時間を割いてまで勉強しようとはしないのです。仕事のことは仕事中に覚えればいいという人が圧倒的に多いのです。

保険会社ですから、保険料を算出するための公式や保険料率が載っている規定集やタリフ（保険料率表）は当然熟知していないと商売にならないのですが、お客様や代理店さんから問い合わせがあって初めて開くありさまです。それから規定集を読み込んで、見積りをつくるのですから、当然、お客様には「夕方、ファックスします」とか「明日、見積もりをメールで送ります」ということになってしまいます。ひどい人はお客様のところを訪問して、その場から会社の先輩や上司に助けを求めるわけで、こんなことでお客様の信頼を勝ち取ることができるはずはありません。

数多くある約款集も、日頃から目を通していれば、どんな保険かすぐにわかるのですが、こんな具合ですから、2年たっても3年たってもまともに自分の仕事もできない社員が山ほどいました。「一流保険会社の社員です……」といいながら、日経新聞すら取っていないのですから、レベルがわかりますよね！　このような約款も読まないエリート社員(?)たちに毎日保険金支払いをやらせていたために、大量の保険金不払い事件が起きてしまったのです。

会社に入って、毎日野球を見ながらビールを飲んで、疲れて寝るだけという生活パターンを何十年も続けていると、人間落ちるところまで落ちて行ってしまいます。常に自らインプットを心がけている人との格差は、長い間に取り返しのつかない差となってあらわれるはずです。会社を辞めた途端、つぶしの利かないサラリーマンが増えてしまったため、安易にフリーターや派遣労働者になってしまう人が激増してしまいました。社会人になってからこそ、新たなインプットで自分をプロテクトしておくべきなのです。

私が一番勉強になったのは宅建テキスト

苦労してせっかく大学に行かせてくれた親には悪いのですが、文系でしかも経済学部に入ってしまったものだから、大学ではこれといって何も勉強した記憶がありません。はっきりいって、高校のときよりもバカになって出てきたことだけは自信を持っていえます。もちろん、授業に出なかったわけではありませんが、単位の取りやすい科目だけを選んで受けていたから、体系立てて何かを学んだということはなかったのです。

そんな私が初めて勉強らしい勉強をしたのは、社会人になって30歳を過ぎてからです。唯一、人生の中で自らすすんで一生懸命勉強したのは、宅建の勉強でした。じつは30歳のときに、転職5社目の損保会社に再就職したのですが、このときすでに「45歳ぐらいになったら、不動産屋でも始めて、年金をもらうまでなんとか食いつなごう」と思ったのです。不動産屋であれば、定年もないし60歳過ぎても働けるし、年齢とともに信用もついてくるし、ちょうどいいと思って、チャレンジすることにしました。

最初の年は、住宅新報社の宅建テキストと問題集を中心に試験前3カ月ほど一生懸命勉強しましたが、甘かったです。3カ月程度で勉強できる範囲ではありませんでした。民法総則から始まって、都市計画法、建築基準法、税法、宅地建物取引業法、取引の実務など多岐にわたっています。しかも、四者択一だと思ってなめていたら、実際の試験では時間が足りない。じっくり考えている暇がないのです。

試験を受けてみて、相当時間をかけないとまず受からないということがよくわかりました。そこで2年目は、何年も無駄に同じことを勉強したくないと思い、確実に合格を目指すことにしました。当時、住宅新報社から発売されていたテキストに準拠したカセットテープを買い、会社の行き帰りに聞くことにしました。車で片道1時間の距離を通勤していた私は、毎日必ずこのテープを2時間聞き、さらに朝1～2時間の勉強を半年以上続けたのです。なんとしても受かろうと必死でした。

時間内に50問回答できるように、問題集は同じものを3冊買って、何度も練習問題をやり、ほぼ確実に合格点が取れるまで反復練習しました。このようにして、2年目は余裕で合格することができたのです。

このとき勉強した宅建に関する知識が、その後の不動産や住宅を買うのにとても役に立っています。契約書の内容も自分でチェックできるし、不動産業者さんとも対等のレベルで話もできます。瑕疵担保責任を主張して、中古住宅の雨漏り修繕費やシロアリ駆除費用を負担してもらったこともあります。

宅建テキストは、私にとっていままで最も役に立ったテキストなのです。

投資家にとって簿記は必須科目

宅建以外で私が有意義だったと思う資格は、簿記です。これは宅建に合格してから間もなく、会社の近くの定時制高校に1年間通って取ることができました。もともと必要だと思い、本や通信教育で勉強しましたが、長続きせず、過去に2回も挫折していたのです。

ある日、車を運転していてラジオをつけていた私は、定時制高校で、社会人向け講座の受講生を募集しているのを聞きました。なんと簿記の講座もあるといいます。もはや強制的に学校に通って勉強するしかないと思い、さっそく申し込むことにしました。

当時、私は保険会社で保険金支払い業務を担当していて、企業や個人事業主が事故で休業した場合に利益を補償する保険も担当していました。当然、簿記の知識は仕事上必要になるだろうとも感じていたし、株をやっていたから、ときどき送られてくる決算書を読めるようになりたいという思いもありました。

4月から1年間、定時制で学んでいる高校生たちといっしょに机を並べて勉強させてもらいました。簿記は左に書いたり右に書いたり、簿記特有の決まりがあります。それを理解しないと、いつまでたってもわからないのです。そのほかに、簿記では聞き慣れない専門用語がいくつも出てきます。仕訳帳や総勘定元帳、貸倒引当金や手形や小切手など、これらの用語や仕組みを覚えてしまえば、あとはとってもスムーズでした。

このとき、簿記をやったおかげで、その後の株式投資でも役に立つことが数多くありました。損益計算書を見て、利益が増減した原因が手に取るように理解できましたし、『会社四季報』でいままで気にもとめていなかった利益剰余金や現金同等物の増減なども見るようになりました。

数年前、高速道路の用地買収のため、28億円の簿価しかない工場が121億円で収容された会社がありました。この企業は自社ホームページにIR情報として、この補償金を新工場の用地取得費と工場建設費に充てるため、決算では期間損益に反映させず、圧縮記帳すると発表しました。でも、投資家はまったくの無反応だったため、私はあえてこの企業の株に投資したのです。

いくら期間損益には影響がないとはいっても、時価総額50億円にも満たない会社に121億円の現金が入ったことは間違いありません。圧縮記帳するため、貸借対照表の流動資産には載ってきませんが、この会社に121億円あることは紛れもない事実なのです。この会社の株は、私が買ったときはまだ200円を超えた程度でしたが、その後1カ月でなんと300円を超えてきたのです。

簿記を勉強したおかげで、いままで最も不得意としていた税務会計にも興味がわいてきましたし、投資用不動産の収支採算計画をつくるのもなんだか楽しくなってきたのです。私にとっては最も投資効率のいい自己投資だったのかもしれません……。

税務知識を知らずして成功なんてありえない

起業家や投資家の中には、面倒なことはお金を支払って専門家に任せるのが一番だと思っている方も多いようですが、私は面倒でも税務知識だけは自分で知っておくべきだと思っています。とくにサラリーマンは会社で源泉徴収されているため、自分がいくら所得税や住民税、社会保険料や介護保険料を支払っているのかをまったく知らない人がほとんどですし、個人事業主でも税理士さん任せという人が多いのです。

サラリーマンでも医療費控除や住宅取得控除(新築初年度の場合)、または株の損失などで確定申告をしたほうがいいケースはありますし、リストラや会社が倒産した場合、退職した際も確定申告が必要になってくることがあります。私も退職して初めて気づいたのですが、住民税や健康保険料は前年の所得に対してかかってきます。だから、退職した次の年は、ほとんどの人が多額の健康保険料と国民年金保険料、住民税に悩まされることになるのです。

ご多分に漏れず、私も市役所に国民健康保険の保険料を聞きにいって、倒れそうになりました。なんと月額5万円といわれたのです。慌てて退職した会社にお願いし、任意継続の手続きをとったのはいうまでもありません。

一方、住民税も、給与所得と家賃収入があったため、会社を辞めたにもかかわらず、なんと年額100万円以上もの納付書が送られてきました。退職する場合は、翌年の税金のことも準備して辞めないと、せっかく辞めたのに、税金を支払うために死に物狂いで働かないといけなくなってしまうのです(笑)。

最近、サラリーマンが不動産投資を始めて大家さんになるケースが大はやりですが、この場合も、税務申告を自分でするいい機会なので、ぜひ自分で確定申告書を作成してください。日本の税制は減価償却制度ひとつ取ってみても、法定耐用年数がものすごく細かく分類されており、制度も複雑です。でも、少なくともこれから経営者として生きていこうと思っている人は、税務を知らずして成功などありえません。

わからなければ、税務署の税務相談室に気軽に電話で聞けばいいいし、不安な人は一通り自分で記入して税務申告会場に行けば、ていねいに教えてもらえます。また、国税庁のホームページでも数字さえ入力すれば自動的に確定申告書が作成できるので、自信のある人はそのままプリントアウトして郵送すればいいのです。私も18年間、自力で確定申告してきましたが、自分で悩みながら申告書を書かないと、税務知識なんて身につきません。

さらに、経営者として最も大切な事業の経営状況や財務内容がわからなくなり、経営状況の変化に対して適切な判断もできなくなってしまいます。単に、他人が計算してつくった解答用紙の答えだけを眺めていても、どこがいいのか悪いのかさっぱり見えてこないものです。こうなってしまったら、経営者としては失格だといわざるをえません。

仕事で得る知識や経験に無駄なものは何ひとつない！

私は5社も仕事を変わったおかげで、いろいろな経験をすることができました。高校、大学と写真部だった私は、写真と関連した仕事がしたかったのです。そこで、大学を出て最初に入社した会社は、写真製版の会社でした。カレンダーやポスターなどのグラビア印刷やスーパーのチラシなどの版下をつくる仕事です。

クリエイティブな仕事でイヤではなかったのですが、当時35キロほど離れた山間部に住んでいた私は、交通事情が悪い田舎から1時間に1本しかないバスと電車を乗り継いで、さらに徒歩で30分も歩いて会社まで通勤していました。朝一番の6時半のバスに乗り、最終のバスで帰る毎日です。残業すると、家に帰れなくなってしまうので、入社してなんと1カ月で辞めてしまったのです。

次に入社した会社は、地元の製薬会社でした。工場の製造管理室という部署にいたので、毎日上から下まで無塵服に着替えて、原材料の発注、検品、製造ラインの管理について学ぶことができました。このとき、工場の生産設備や、ユーティリティ設備の管理やメンテナンスも覚えましたし、QCについても学ぶことができました。これは後に保険会社で工場が火災になった際の利益補償保険でとても役に立ちました。

3つ目の会社は、都市再開発事業のコンサルタント会社です。この会社では、駅前や市街地における等価交換方式による建替えや、借地権、借家権などの権利調整や税務、商業ビルや事務所ビルのプランニングについて学ぶことができました。これも後に、自分が宅建を受験するときに役立ちましたし、保険会社で建物の評価をする際にとても便利でした。

4つ目は、中小企業の経営者の方々を支援している団体ですが、中小企業の社長業の大変さがよくわかり、また、いろいろな社長さんとの人脈ができました。なかには、私に自分の会社に来ないかと誘っていただいた方もいました。

5社目の保険会社では、自動車保険以外の保険はすべて担当していましたから、自分でいうのもなんですが、保険に関する知識はハンパじゃないです(笑)。

火災保険では自分で損害額の積算もしたりしていたので、リフォームや建築のこともけっこう勉強させてもらいました。事故の際に利益を補償する利益保険なんかも査定していたので、決算書も読めるようになったし、賠償責任の有無や支払うかどうかで時には裁判になることもあるため、弁護士事務所に相談に行く機会も多くありました。おかげで法律知識も多少は身についたと思います。

このように、私が仕事でいままで経験してきたことはすべて無駄にはなっていないし、現在の大家業やコンサルタント業にもすごく役立っているのです。

学び続けることを生活習慣にするのが一番

知識や教養ってなかなか短期間では身につかないものです。もちろん、自らすすんでどんどん勉強したり、自己投資しないと、絶対に無理だと思います。一定レベルの教養を身につけようと思ったら、まず習慣化することだと思います。

例えば、私は必ず朝食後に地元紙と日経新聞を少なくとも1時間は目を通しますし、トイレにいつも読みかけの本を置いています。ベッドの枕元にも必ず何冊かあります。車で外に出かけるときは、車内で自己啓発系や不動産のＣＤをいつも聞いているのですが、必ず本は持って出かけます。忘れたときのために、車の中にも読みかけの本は何冊か置いています。近所の歯医者さんや銀行に行ったり、子供を塾に迎えに行くときも、本は必需品です。毎日の生活の中で、わずかな待ち時間にもすぐ読める環境をつくっておくことが大事だと思います。

とりあえず、どんなジャンルのものを持っていくかというと、もちろんビジネス書がほとんどです。自己啓発本だったり、マネーや株、不動産、節税など、自分の最も興味のある分野と決めています。

なによりも、自分の興味のある本であれば、読んでも疲れませんし、逆にもっと読みたい、早く読みたいという具合に読むこと自体が楽しくなります。自分がやりたいこと、楽しいことであれば、記憶に残りやすいですし、ボールペンでラインを引きながら読むと、もっと脳に焼き付けることができます。

多くの方がいっていますが、本は自分でお金を出して買わないと、いくら読んでもすぐに記憶から消えてしまいます。わずか１５００円程度なのですから、ケチケチしないでどんどん投資しましょう。もちろんブックオフで買った1冊１００円の本でもかまいません。

図書館で借りたり、友達から借りた本では、印を付けたり、折ったり、ラインを引いたりすることができないため、なかなか記憶に残らないのです。

自分で買った本であれば、誰にも遠慮することなく線を引いたり、いろいろなマーカーでラインを引いたり、メモを書いたりできます。自分の一番お気に入りの使い方や読み方ができるわけです。受験のときの参考書も、人それぞれ使い方はさまざまです。あの要領で使い倒せばいいのです。ぜひ好きな色のマーカーやボールペンで、あなただけの参考書をつくってください。

ただ漫然と読むのではなく、印象に残る読み方も習慣化できれば、投資効率は絶大なのではないでしょうか。

第 3 章

貯金と株で誰にでもできる「お金に愛される法則」

お金に愛されるには思考の壁を破ること

お金の使い方を見ていると、世の中には倹約家と浪費家の2つのタイプが存在します。江戸っ子は宵越しの金を持たないというカッコイイ生き方にもあこがれますが、いまどき、東京でそんなことをやっていたら、ネットカフェ難民かホームレスになるしかありません。一代で財を成した人たちは、間違いなく倹約家です。そして時間やエネルギーをお金を増やすために集中させてきたのです。

では、なぜこのようにお金持ちになることにすべてを集中できたのでしょうか。それは、あるとき「思考の壁」を超えることができたからだと思います。世の中には、自分は絶対に億万長者になれると思っている人が少なからずいます。その一方で、自分は絶対に億万長者になれないと思っている人もいます。こう考えることは、じつはどちらも正しいのです。おそらくどちらのタイプの人も、近い将来望んだとおりの生活をしていると思います。人間というものは、どんなに最高な人でも、自分が望んだものにしかなれないのです。

億万長者になれると思い込んでいる人は、時間もお金も自分の情熱もお金を増やすために使いますから、倹約して一生懸命貯金をしますし、少しでもまとまったお金ができれば、さらに増やすために投資に回すはずです。

億万長者になれないと思っている人は、当然、いまのままの生活を維持しようとしますから、リスクを冒して株を始めることもないでしょうし、投資信託を買うこともありません。もちろん、マネーに関する本を読むこともないと思います。

じつは、私も高校、大学へと進むにつれて、自分はサラリーマンになるだろうと思っていました。そして考えていたとおりサラリーマンになったのです。でも、サラリーマンになってみて、こんな疲れる奴隷のような生活を続けるのはイヤだと思いましたが、そこから別の世界に逃げ出そうとはなかなか思わなかったのです。ですから、何度会社を辞めても、またサラリーマンになってしまいました。

でも、あるとき「絶対に会社を辞めてリタイアする！」と強く思い、その結果、簡単にそのとおりになってしまったのです。

人間の体や脳には、生きていくために現状をできるだけ維持しようとするメカニズムがあるのですが、これを変えるには、潜在意識に強く働きかけるしかないようです。まずは自宅のトイレや机、手帳、携帯のメモなどに、なりたい自分を強烈に表現することです。思考の壁を破るためには、これが一番効果があるようです。

最も簡単なお金に愛される法則は貯金

お金持ちになるには、第2章でお話しした自己投資によって、法律や税務、会計、ビジネス知識などを得ることは最低限やらなければいけませんが、もっと簡単でポピュラーな法則があります。それは、じつは誰もがやっている貯金なのです。

「えっ！　そんな簡単なことでいいの？」って思いますが、きちんと毎月貯金できることがお金持ちになるためには一番大切なんです。

もっとはっきりいえば、お金を使わないことです(笑)。でも、そうはいっても、まったく使わないというのは無理でしょうから、極力使わないことです。これができれば、いままで羽根が生えたように逃げていたお金が、あなたのそばに束になって寄ってきます。

どんなに大金持ちになった人でも、最初は自分が働いて得たお金を節約して貯金することから始めたはずです。そして、ある程度の額になったところで、成功者の誰もが貯蓄から投資へとお金をシフトさせていったのです。

私は転職を5回もしたおかげで、年収300万円以下の会社も1000万円以上の会社もいろいろ見てきました。とくに5社目の損保会社の総合職と呼ばれるエリートたちは、40歳の課長で1500万円もの給料をもらっていました。でも、いくらたくさん給料をもらっていても、たくさん貯金しているかというと、必ずしもそうではありません。会社の旅行やレクリエーション行事なんかがあると、乗ってくる車は外車などの高級車ばかりが並びます。しかも3年で乗り換えている人がほとんどでした……。セカンドバッグはさりげなくセリーヌ、時計は少し控えめにオメガです。もちろん普段着ているものや靴なども高級品ばかりが目につきました。

じつは、彼らはどう見ても、倹約家ではなくて浪費家なのです。お金は目的を持って貯めようとしない限り、収入に応じた分を使ってしまうものです。日頃のお金に対する考え方や習慣が、あなたの通帳残高を決めているのです。

では、お金を貯めようと思ったら、具体的にどうするのが一番手っ取り早いと思いますか？　私は信用金庫などで扱っている定期積金が一番だと思います。これは毎月一定金額を給与振込口座から預金振替して積み立てていくタイプの定期預金です。金額は1000円以上1円単位で積み立てできますし、期間も6カ月から5年までそろっています。

まず、自分の給料の1／4程度を強制的に貯金できるようにチャレンジしてみてください。1／4というと、かなりきついはずです。年収400万円の方で100万円、600万円の方で150万円になります。これぐらいのペースでなんとか工夫して節約ができないようでは、いつまでたってもお金など貯まらないでしょうし、なかなか次のステップにも進めないと思います。まずは確実に目標額を貯金して、次の投資に行くための種銭を貯める癖をつけることです。

生命保険の見直しをしない限り、お金は絶対に貯まらない

日本人ほど保険が好きな国民はいないといわれていますが、ほとんどの家庭では必要以上に掛けすぎています。これはやはり無知から来るもので、まっ先に見直しをすべき項目

です。とくに生命保険は何十年にもわたって高い保険料を負担するにもかかわらず、就職した途端に、会社に生命保険のきれいなお姉さんがやって来て、いとも簡単に高額の保険に入ってしまうのです。

当然、就職した当初は独身ですから、そんなに高い死亡保障はいりませんし、一番健康で若い時期に高額な入院補償や通院補償はいらないはずです。つまり、まったく無駄なものに入らされているのです。

生保のきれいなお姉さんは、次に医療保険をすすめてきます。万が一入院したら、高額な医療費がかかると脅します。個室に入ったら差額ベッド料が1万円近くもかかるし、高度先進医療を受けた場合は健康保険では対象外のため1カ月100万円以上になることもざらだと脅します。そんなに大変な出費がかかるんだったら、医療保険は必要だということで、またまた安易に契約してしまいます。

そしてしばらくすると、今度は日本人はガンになる確率が高いため、ガン保険も1本は入っておかないと心配だとすすめられます。そして、若いうちに入ると保険料は安いし、5年ごとに10万円の返戻金ももらえるので、積み立てとしての機能もあるといわれます。でも、返戻金というのは、もらえるのではなく、もともと自分が掛けた保険料が戻ってくるだけなのですが……。

そのうちに「老後に備えて、いまから個人年金も掛けておかないと、公的年金なんてあてになりませんよ！」って脅されます。「長期で有利に運用しますので、利回りもかなり高くなっていてお得ですよ！」といわれて、これもお付き合いで1本加入してしまいます。

さらに結婚すると、奥様や家族のためにと死亡保険金の大きい新商品をすすめられます。「いままでお掛けいただいた商品は下取りできますので大丈夫です」っていわれ、すすめられるがまま新しい商品に乗り換えてしまいます。そして、めでたくお子さんが誕生すると、「高校、大学と進学されるときのために、学資保険にみなさん必ず入っていらっしゃいます。大学入学時には120万円の入学祝い金がおりてきますので、みなさんすごく助かったとおっしゃってます」といわれれば、「やっぱ必要だよなあ……」ということで、あなたはまたまたなんの抵抗もなく加入してしまいます。

ここまででざっと生命保険1万5000円＋医療保険3000円＋ガン保険3000円＋個人年金1万2000円＋学資保険1万2000円＝合計保険料4万5000円が、毎月出ていくことになります。生保だけ考えても、標準的な家庭でこれぐらいは掛けているはずです。

でも、よく考えてみてください。生命保険って、家庭を持って奥さんやお子さんなど守るものができて初めて必要になるものです。ですから、独身の方はまずいらないと思います。結婚されている方は、万が一、自分にもしものことがあったら、当面家族が路頭に迷わないためにも、必要最低限の死亡保険金が支払われればよいわけです。それでも、せいぜい死亡で1000万〜2000万円もあれば充分ではないでしょうか。もともと生命保険だけで何十年も暮らそうなんて、誰も期待していないわけですからね。

もし、あなたが44歳以下の方であれば、最もお得な生命保険または共済は、全労済のこくみん共済だと思います。交通事故の場合の死亡・重度障害で3000万円、病気死亡で1200万円、入院1日6000円、通院3000円もついて、なんと掛け金は月額5400円と格安です。これに入れば、いままで1万円以上も掛けていた生保はいらないと思います。

これでもまだ足りないという方は、各都道府県にある県民共済に加入されれば、さらに補償金額をアップすることは可能です。県民共済も総合保障2型に加入すれば、月額2000円の掛け金で済みますし、損害率によっては3割程度の割戻金も期待できます。

次に医療保険ですが、日本は皆保険制度をとっていますので、仮に入院しても自己負担は3割だけですし、月収53万円以下の一般所得層に該当する方であれば、高額療養費の還付制度により、月額8万100円を超えた部分は払い戻される仕組みになっています。さらに直近の12カ月の間に同一世帯で高額療養費の給付が4回以上あった場合は、4回目からは4万4400円を超えた部分が払い戻されることになります。

ただし、高額療養費の対象にならない費用として、差額ベッド代や高度先進医療などがありますが、治療に必要な場合は室料差額を徴収されませんので、自ら希望しなければ差額ベッド料を支払う必要はありませんし、高度先進医療を実施できる施設も限られた特定の病院しかありませんので、医療保険は本当にいらない保険だと思います。

またサラリーマンが、勤務中にケガをしたり、仕事が原因で病気になったりした場合は労災保険が適用されて本人負担は一切発生することはありませんし、通院でも給料の8割もの休業補償給付が支給されます。

業務以外の事故では、圧倒的に交通事故の確率が高いと思いますが、この場合も相手の自賠責保険や任意保険から治療費や休業損害の賠償を受けることができますので、医療保険はやはり必要ないと思います。

次にガン保険ですが、ガンになった場合も、一般の生命保険や共済で対象になりますので、とくにガンや3大疾病に限ってわざわざ掛ける必要はないと思います。個人年金についても、公的年金を補完する目的で入るわけですから、アパート経営からの家賃収入があれば、まったくいらないと思います。20年、30年積み立てても、果たしてそのときの貨幣価値がどうなっているかは誰もわからないわけですし、世界最大の保険会社ＡＩＧでさえ簡単に倒産の危機にさらされるのですから、長期の積み立て保険は不確実性が高いと思います。

学資保険も、大学入学時の足しにはなりますが、子供が親元を離れて都会の大学に進学した場合は、その後４年間の生活費のほうがかかるわけで、私立大学の場合で年間４００万円程度は覚悟しておく必要があります。この学費を捻出するのは、普通のサラリーマンでは困難ですからやはり、子供を大学まで進学させようと思ったら、子供１人につきアパート１棟は用意しておくのがいいと思います。

かくして、毎月４万５０００円も掛けていた保険料のうち、本当に必要なのは全労済の国民共済掛け金５４００円だけでいいのではないでしょうか。じつは、この全労済の国民共済も損害率が低いため、毎年、割戻金が戻されており、２００７年度は月額８４０円が戻されました。つまり毎月４万５０００円支払っていた保険料は約１／10の４５６０円で充分ではないでしょうか。

安全確実を求めるならネットバンクの定期預金

せっせと貯金をしていても、なかなかお金って増えないものです。ましてやゼロ金利の日本では、定期預金しても利息はほとんどつきません。でも最近は、預金金利が高くて、振込手数料などが安いインターネットを利用したネットバンクが登場してきました。

いままでの店舗型の銀行ではサービスはほとんど変わらなかったのですが、このネットバンクの出現によって、預金金利はかなり高くなりましたし、振込手数料やコンビニ、ゆうちょ銀行でのATM手数料が時間外も含めて無料という夢のような話が実現しました。

ネットバンキングはセキュリティが心配と思っている方もいると思いますが、1000万円までの盗難保険がついていたりしますので、その点も安心なのではないでしょうか。

100万円以下の1年ものの定期預金金利を比較してみると、りそなや三菱東京UFJ、三井住友銀行がそれぞれ0・25％なのに対して、住信SBIネット銀行は期間限定のキャンペーンですが、なんと0・9％と、3・6倍の金利を支払ってくれるんです。ほかにも、じぶん銀行0・75％、ソニー銀行0・73％など、店舗型銀行とは比較にならないほど金利をつけてくれます。現在はデフレの可能性が高いですから、ネット銀行に預けていれば、高い利息をもらえて、物価が安くなってものの価値が下がった分、お金の価値はさらに増えたことになるのです。

いままででしたら、少しでも安全有利に増やそうと思えば、証券会社に行って、個人向け国債を買うぐらいしかなかったと思います。金利固定型の5年物国債で現在0・8％となっていますが、国債は完全に安全な商品ではありません。

小泉改革で国債発行額を30兆円以下に抑えるといっていましたが、景気後退による税収減により、今年は33兆円の新規財源債を発行します。それにも増して、過去の借金を返済するための借換債も含めると、なんと年間132兆円もの国債を発行しているんです。

いわば、国が借金を返すために、銀行や生命保険会社、証券会社、ゆうちょ銀行に国債を買わせていたのですが、それでも足りないため、ついには個人にまで販売し始めたのです。懲りずに国民に対して借金を繰り返しているわけですから、どんどんリスクは高まっているはずです。日本国債の格付けは一時アフリカの小国ボツワナやチリよりも低いA2だったことを考えると、日本国債のリスクは年々高くなっているのではないでしょうか。

以前、日銀出身の木村剛氏（株式会社フィナンシャル代表）が、おもしろい話をしていました。日銀の職員で日本国債なんか買ってる人は誰もいない、つきあいで持っているのは当時の福井総裁ぐらいのものだと……。

長期運用で成果が上がるのは持株会や累投

投資には絶対に安全確実なものはありませんし、ローリスク・ハイリターンなものもありません。投資という漢字を見れば明らかですが、資金や資本を投げるわけですから、返ってくるほうが逆に稀《まれ》なのかもしれません（笑）。

サブプライム後の株の暴落を見た方や、痛い目に遭った方は、もう株なんてトラウマになっているかもしれませんよね！　そんな方に最適なのが、どちらかというとミドルリスク・ミドルリターンの社員持株会や株式累積投資（累投）だと思います。

社員持株会は上場企業のほとんどが実施しています。自分の会社の株を毎月一定金額買うことによって、株主として会社を応援しようという気持ちも生まれますし、愛着もわいてくると思います。

私も保険会社にいたときに、最初はつきあいで1万円ずつ買っていましたが、バブルの頃、株価が1900円まで上昇し、その後、500円以下に下がってから、4万円ずつ買うようにしました。買付資金の5％を会社が補助してくれましたので、やらなきゃ損！（笑）っていう感じで、限度額いっぱい買っていました。

売却するときは、名義書換をして、証券会社からいったん引き出して売却しなければいけないので、面倒だから退職するまで持っていようということになります。これこそ長期投資で、結果的に高い運用益も期待できる制度だと思います。退職される頃には一財産できているのではないでしょうか。ある程度時間の許す方には、最適な制度だと思います。

もちろん、いくら愛社精神があっても、会社が傾いているのに、いつまでも持っているのは危険です。山一證券や大成火災が倒産したときに、何万株もの持ち株が一瞬にして紙屑になってしまった方を何人も見ていますので、自分の勤めている会社といえども、いっしょに心中することはないと思います。日頃から会社の経営には関心を持つことも、株主としては大切なことだと思います。

一方、株式累積投資（累投）も証券会社に申し込めば、1万円単位で毎月証券会社の選定した銘柄の中から好きな銘柄を選んで投資できます。持株会のように毎月決められた日に一定金額を買い付けすることによって、株価が高いときは少ない株数を、低いときは多くの株数を買っていきますので、これを長期で続けた場合は、結果的に1株あたりの買付単価が一定株数を毎月買う場合よりも安くなります。

このように、持株会や累投のような買付方法をドルコスト平均法といいますが、長期投資で利益を得るには適した方法だと思います。

投資信託は株が下がったいまが一番の買いどき

サブプライム・ショックとリーマン・ブラザーズ破綻後の2008年10月末に、日経平均株価はついに7000円を割り込み、6994円の安値をつけましたが、その後の11月には投資信託の解約が止まりませんでした。あまりの損失の大きさに、郵貯や銀行などでリスク商品であることを理解しないまま買ってしまった高齢者や、銀行員のすすめで初めて投資信託を買った人が、大量の解約売りを出したのが原因のようです。

売ったほうの銀行も、わざわざ買ってもらった個人客に「長期で持っていれば、また元に戻りますから」などと説明の電話をするものだから、下がってることすら知らなかった高齢者に余計な不安を煽ってしまった面もあります。大幅に下がっているのだから、本当は売るのではなくて、追銭をしてでも買うべきなのに、お金が減ることに対する恐怖は人にいつも正反対の行動をとらせてしまいます。

自分で株を買うのはちょっと自信がないという方は投資信託でもいいのですが、銀行や証券会社がすすめる投信にはやたらと手数料が高いものが多いので注意しましょう。もちろん彼らも手数料稼ぎが本業ですから、一番自分たちが儲かる投信をいつも真っ先にすすめます。わざわざ家まで説明に来るといわれたら、その投信は決して顧客が儲かる商品ではないということを肝に命じておくべきだと思います。

投信というのは、そもそも販売会社と運用会社と実際に株式や債券を管理する会社という3種類の会社が関わっています。ですから、投信を買った人は3社に手数料を支払うことになります。販売会社には販売手数料を支払うし、運用してもらっている間はずっと販売会社、運用会社、信託銀行に信託報酬を支払うことになるんです。そのほかにも、解約時に信託財産留保金がかかる投信もありますから、結局は手数料ばかりかかる商品だということです。

銀行員にすすめられるまま買ってしまうと、100万円投資したつもりのあなたのお金は、最初の1年で4万~5万円ほどが手数料として消えてしまいます。最近は日本でも、ネット証券やネット銀行で販売手数料なしの商品もありますので、ネットを使うのに抵抗のない方はそちらのほうが断然おすすめです。

投資信託も本来、長期での運用が基本の商品なのですが、クローズド期間を過ぎると、すぐに新しいファンドをすすめられると思います。よほど大幅な利益が出ていない限り、決して新しい商品に乗り換えないでください。しつこい勧誘を受けたら「そんなによい商品だったら、あなたが買えばいいじゃない！」といってみてください。きっとあなたにはさんざんすすめておきながら、本人は絶対に買わないと思います。私も保険会社にいたときはそうでしたから(笑)。

サラリーマンに最適な投資はやっぱり株と不動産

お金持ちや小金持ちを目指すには、貯金だけでは難しいと思います。仮に年間100万円を貯めたとしても、いまは金利が低いですから金利を無視すると、1億円貯めるのに100年もかかってしまいます。これでは、なんのために貯金しているのかわかりません。ですから、早くお金を増やすには、投資しかないということになります。

そして忙しいサラリーマンでも簡単にできる投資は、株と不動産しかありません。最近ではFXなんかも人気があります。

では、投資資金はまずいくら用意すればいいのでしょう？　たぶん株をやるにも、FXをやるにも、100万円ぐらいあればいいのではないでしょうか。これぐらいあれば少しまとまったお金ですし、株ならば銘柄を分散してある程度リスクを低くすることも可能です。また、半分を自己資金として残しておくこともできます。FXにしても、レバレッジを低くしてやっていれば、一度に資金が吹き飛んでしまうリスクは避けられると思います。

もちろん100万円で投資を始めたあとも、毎月の貯金は続けていただきたいと思います。最初から株やFXで儲かるなんてありえないと思ってください。最初はおそらく失敗ばかりが続くと思います。私も最初の頃はそうでした。そのときに100万円しか持ってないと、投資資金が枯渇してしまい、すぐに「やーめた！　やっぱり自分には向いてないや……」となってしまいます。ここであきらめたら、あなたは一生投資とは縁のない道をいままでのように歩んでいくことになるのです。

ですから、次の種銭も補給できるように、補給路を確保しておきましょう。補給が途絶えたら、どんなに戦闘意欲が残っていても、白旗を揚げて降参するしかなくなってしまいます。

じつは、日本証券経済研究所の調査データによると、1977年から2007年までの30年間における東証1部銘柄の年間収益率は平均8・6％になっています。もちろんバブル崩壊後は大きくマイナスになった年もありますが、毎年8・6％も増えたことになるのですから、すごいことだと思います。つまり、株は長期運用すれば、確実に儲かるものなのですが、どうしてもお金がかかっていると思うと、一喜一憂してしまうのが人間なのです。この下がってしまったときの恐怖と上がっているときの限りなき欲望の増幅を抑えることができれば、株やFXで勝つことは可能だと思います。

どうしても株やFXは自分には合わないという人は、やはり最初から不動産投資を目指すのがいいと思います。ただし、不動産投資に対して、以前はサラリーマンであれば、物件購入価格全額を融資してくれる銀行もありましたが、昨今の市況悪化と景気の後退により、ある程度の自己資金が必要になってしまいました。不動産投資の場合も、やはりまとまった資金をつくっておくことが必要です。

株はあまのじゃくがちょうどいい

アメリカ発の100年に一度の金融危機を経験して、株式投資は怖いと思っている方も多いと思います。でも私は、株がこんなに安くなったのですから、いまが買いだと思います。

相場の格言に「天底では少数意見につけ」というのがありますが、どんな株でも株価チャートを見ると、出来高が一番多くなったときに天井をつけて、逆に少なくなったときに底を打っています。

つまり、多くの投資家が天井付近で買いたいと思い、底値付近では誰も買いたいとは思っていないということなのです。そこで、少数意見につけ、ということですから、天井付近では売る側に回って、底値付近では自分だけ買いに入れ、と教えています。

チャートを冷静にあとから振り返ってみると、天井付近の出来高の多さに笑ってしまうと思います。たぶん自分も相場に参加していた場合、大衆の側に回って同じ行動をしてしまうかもしれません。おそらく勢いよく上がる株価を見ていると、欲望に逆らえなくなるのだと思いますし、大きく下がっているときは、お金が目の前で消えていく恐怖に打ち勝つことができないのだと思います。本当に投資家の目は節穴かと思ってしまうのですが、札束を握りしめて相場に参加している人たちにとっては、まったく周りが見えなくなっているのだと思います。

もうひとつわかりやすい判断材料があります。株が下がると大変だということで、どこのテレビ局も著名なエコノミストを呼んで特番を組んだりします。そんなときは、新聞もテレビも雑誌も、時には政治家までがこぞって底が見えないと騒ぎ立てます。でも、これらの人たちはプロとして株の儲けで飯を食っているわけではありません。株では食えないから、しかたなく評論家（予想屋）をしているわけです。そんな人たちが株が下がって大変だと騒ぎだしたら、ほぼ底に到達しているものと思ってください。

逆に、毎日連騰して、今度は新聞や株の雑誌やテレビが株価の好調を伝えだしたら、そろそろ売りどきが近いということです。高値圏でも底値圏でもマスコミはいつも煽り立てる役目を担っていると思っていいでしょう。

株は大衆心理によってその行き先が変わりますので、株で勝ちたいと思ったら、いかにあまのじゃくな投資家になるかだと思います。極端な話をすれば、いままでさんざん負けが続いている人は、自分が買いだと思ったら売ってみて、売りだと思ったら買ってみればいいと思います。きっと、いままで全然勝てなかったのが、勝てるようになると思います。株なんてそんなもんだと思いますよ！

株は安く買って高く売るもの

信用取引の空売りは別にして、株は安く買って高く売れば儲かります。そんなことは、株をやったことがない小学生でも知っていることなのですが、これがなかなか難しいのです。

株価が底値圏にあるのか、高値圏なのかは、日々の値動きを見ていてもなかなかわからないものです。そして、運よく買った値段より上がってきたら、ドキドキして仕事も手につかない状態になります。残念ですが、たいがいの人は我慢できずに、ここで焦って売ってしまうのです。多くの投資家は薄利多売のスーパーのような取引をしているのです。あなたは、売ったあとに自分の株がまたどんどん上がって、悔しい思いで眺めていた経験はないでしょうか？　現在の株価の位置がよくわかっていないと、このような失敗をしてしまいます。

そこで私は、株を買うときはいつも5年や10年の月足チャートを見るようにします。どんな株でも、大きな山と谷を繰り返しているはずです。そして、できるだけ谷底近辺で買い、出動するようにしています。いくら好きな株でも、大きな山の上にいるときは見送って、また下りてくるのを待つことにしているのです。

遡《さかのぼ》ってみると、日経平均が最高値を付けたのがバブル期の１９８９年12月29日の忘れもしない大納会の日でした。このときの株価が３万８９１５円でした。その後１９９０年から2003年4月の最安値7603円まで13年4カ月下げ続けたのです。そして景気が上昇し始めた2003年5月から上がりだし、2007年2月に1万8300円の戻り高値を付けるまで、日経平均は3年10カ月にわたって上昇トレンドを維持したのです。

そしていま、2007年2月を境に下降トレンドを形成中です。まだ、このまま下がるのか、大底を確認して上昇し始めるのかは、もう少しあとになってみないとわかりませんが、アメリカ発の金融危機を世界各国が協調して克服しようと、政策を総動員する構えですので、いまのところ2008年10月の6994円がバブル崩壊後の最安値となる可能性が高いのではないでしょうか。

株価は6カ月程度、景気に先行して動くといわれていますので、今年後半、もしアメリカや新興国の景気が回復するのであれば、そろそろ下降トレンドから上昇トレンドに転換してもおかしくないのかもしれません。

このように、株式投資を始める場合は、経済の大きな流れを見た上で投資しないと、いくら頑張っても勝つことは難しいと思います。そういう意味では、株は6年ぶりに買い場が訪れているのかもしれません。

中長期投資が株の基本

株を買ったからには、少なくとも半年や1年は持っているつもりでいるのがいいと思います。でも、株をやり始めると、トレーダー気分で毎日売り買いしたくなるものです。私も始めた頃はそうでした。買うときと売るときのあのどきどき感と、儲かったときの快感がたまりませんでした。これは、じつは競馬や競輪、パチンコなどのギャンブルと同じ快感なのです。さらにギャンブルは麻薬と同じだとよくいわれますが、ギャンブルも麻薬もドーパミンという同じ物質を脳で分泌させ、一種の興奮状態をつくり出します。

初心者の方が株をやり始めて最初に陥る罠《わな》は、この株依存症にかかってしまうことです。毎日勝負するわけですから、どうしてもその日大きく上昇してきた銘柄や短期で急騰中の銘柄ばかり取引してしまいます。パチンコといっしょで、たまには勝つこともあるでしょうが、9割以上の方はあっという間に資金を減らしてしまいます。私も依存症から抜け出るのに5年もかかりました。

株で勝てるようになったのは、買うにも売るにも中長期で待つことができるようになってからです。手元に資金があっても、自分の思う値段まで下がるのを待つことです。どうせ株って、自分が買った途端に大概のものは下がりますので、買いたいなあと思ったら、一度踏みとどまってみてください。きっと値下がりしてきます(笑)。なにも慌てて買うことはないのです。

じつは株は、値上がり益を狙うこともそうですが、株主優待や配当をもらうという考え方もあります。現在は株価の値下がりにより4％以上も配当してくれる会社がごろごろしています。ほかにも外食産業の中には1万円の優待券を年2回送ってくる会社もあります。当然、配当や優待狙いで投資すれば毎年1～2回送られてくる優待や配当を楽しみに待つこともできますし、中長期で保有することもそんなに苦痛にはなりません。わが家でも、現在、北陸電力や全日空を保有していますが、北陸電力は1000株の投資で100万円以上の含み益になっていますし、全日空も10万円以上の含み益となっています。毎年2回送ってくる半額優待券は、東京にいる息子が帰省のたびに利用させてもらっています。

子供が小さい頃には、ココスジャパンの年間2万円の優待券を利用して、お店の方に何度もハッピーバースデーを歌ってもらいましたし、買ってから数年後には、なんと買った値段の倍で売却することができたのです。20年以上株をやっていますが、いままで優待狙いの銘柄で一度も損したことがないのは、やはり中長期の投資だからだと思います。

こんな株が上がる株

みなさんは、株の価格は何で決まると思いますか？　業績で決まるという考えも間違いではありません。PERやPBR、配当利回りで決まるという意見もあながち間違いではないと思います。でも、株価を形成している根本は、株の需給バランスだと思います。

株は、売りたい人がいないと、買うことができません。逆に、買う人がいないと、売ることもできないわけです。仮に、A社で好材料が発表されて、その会社を買いたいという投資家が100人いて、そのとき売りたいと思っている投資家は10人しかいないとします。それぞれの投資家が1万株ずつ売りと買いを希望していると仮定すると、買い100万株に対して売り10万株というアンバランスな注文状況になります。

この状態で取引が成立するためには、残り90万株の売りたい人が出てこないと、取引は成立しないのです。そこで取引を成立させるためには、株の値段がどんどんつり上がっていきます。例えば、A社の株価が前日終値で100円だったとすると、買いの気配値が101円から110円、120円とどんどん上がっていくことになります。この気配値が上昇するのを見て、さらに買いたい投資家が増えるかもしれません。また逆に、そんなに値上がりしたのだったら、早く売りたいという人が増えてくるかもしれません。

このようにして、買いと売りの株数が一致したところで株の価格が決まります。つまり株価を決定するのは、需給だということです。仮にそうであれば、投資金額の少ない個人投資家は、資本金と発行株数の少ない小型株に投資すれば効率がいいことがわかります。

投資のバイブル的な『金持ち父さん貧乏父さん』（筑摩書房）という本で、あのロバート・キヨサキ氏も小型株（資本金の少ない発行株数の少ない会社の株）に投資しているといっています。これは、彼が、小型株が値動きもよく、需給バランスが崩れて買いが殺到したときに大きく上昇することを知っているからだと思います。

多くの個人投資家は、日本を代表するようなトヨタやキヤノンなどに投資しがちなのですが、じつは大きく値上がりする株は発行株数の多い株ではなく、発行株数の少ない小型の株なのです。その中でも、市場に流通している浮動株比率の低い株が狙い目ということになります。

例えば、東証1部銘柄を見ると、トヨタは資本金3970億5000万円です。発行株数は34億4799万株、浮動株比率は7・2%です。市場に流通している株は2億4825万株にもなります。

これに対して、同じく東証1部銘柄の宇徳という会社は資本金が14億5500万円と小型です。発行株数は2910万6000株、なんと資本金の額は1/272しかありません。浮動株比率は13・6%ですから、流通している株は395万株です。浮動株ベースで見ても、トヨタの1/62しかないのです。

これだけの規模の違いがある会社が、東証1部に同じように並んでいるわけですから、材料が出たときの値上がり率の違いは容易に想像できるのではないでしょうか。

トヨタと宇徳の違いは歴然！

日本株は、2003年4月に入ってからバブル崩壊後初めて上昇に転じましたが、そのときからの株価チャートを比較してみれば、両社の違いはより明確になると思います。

まず、トヨタ自動車ですが、2003年4月の最安値は2455円でした。その後、上昇トレンドを形成して、2007年2月には最高値8350円をつけました。この間2003年4月の安値から3・4倍になったことになります。

これに対して、宇徳はどうでしょうか。2003年4月の最安値は103円でした。その後、宇徳も上昇トレンドを形成して毎年力強い動きとなり、なんと2007年7月には1030円の高値をつけて、2003年4月安値からちょうど10倍を達成したのです。

「たまたまじゃないの?」と思う方もいらっしゃると思いますので、前回バブル期の上昇率も比較してみたいと思います。期間はちょうどバブルが始まった1985年の大発会の終値と1989年12月末に日経平均が最高値をつけた大納会までの高値で比較してみました。トヨタの1985年大発会の終値は1230円でした。その後1988年には3030円の高値をつけました。この間の上昇率は2・4倍にしかなっていません。ところが、宇徳はなんと1985年1月の192円から3320円まで上昇しているのです。この間の上昇率は17・3倍にもなっているんです。

たぶんトヨタやキヤノンは日本を代表する企業ですし、一流企業を買っておけば安心と思っている方が多いのだと思いますが、値上がりするかどうかはまったく別の問題です。キヤノンや日立製作所、ソニーなども前回バブル期は意外と上昇しませんでした。

キヤノン　資本金1747億3600万円　1350円→2040円(1・5倍)
日立製作所　資本金2820億3300万円　850円→2040円(2・4倍)
ソニー　資本金6307億6500万円　3460円→9500円(2・7倍)

そして、これらの日本を代表する大型株は、今回2003年4月からの相場でも前回バブル時とたいして変わりない結果となりました。

キヤノン　4050円→9020円(2・2倍)
日立製作所　366円→947円(2・5倍)
ソニー　2720円→7190円(2・6倍)

これに対して、東証1部の小型株は結構すごいことになっています。2006年4月に発売した『低位株で株倍々！』（ダイヤモンド社）という本で「短期急騰ねらいの小型株」として取り上げさせていただいた株は以下のとおり高い上昇率となっているのです。

日東製網　資本金13億7800万円　72円→365円（5・0倍）
オーエム製作所　資本金16億6000万円　96円→1247円（12・9倍）
高島　資本金38億100万円　68円→383円（5・6倍）

これらの結果をみていただければ、ロバート・キヨサキ氏が小型株に投資しているというのも、うなずけるのではないでしょうか。

毎年上がる株は決まっている

小型株にはほぼ毎年のように安値から高値まで倍の値動きをしているものがいくつもあります。なぜそんなことが起きるのでしょうか？　それは、よく動く値動きのよい株には熱狂的なファンがいるからです。株は、どの株が上がるかを占う人気投票のようなものですから、過去に勢いよく上昇したり、頻繁に急騰したりする株には固定ファンが多いのです。そんな株が突然動きだすと、待ってましたとばかりに買いが殺到して、思いがけない値段まで買い進まれることが多いのです。これらの株を安いうちに仕込んでおけば、きっと高いパフォーマンスが得られるはずです。

例えば、前出の宇徳の過去6年間の値動きを遡って追ってみましょう。2003年の安値は1月につけた82円でした。そこから4月には181円まで上昇し、安値から2・2倍まで約3カ月で急騰しています。翌年の2004年も同様に1月につけた最安値126円から12月には284円へと2・2倍増を達成しました。翌2005年は1月の安値271円から12月の426円と1・6倍にとどまりましたが、2006年は1月の350円から1カ月で1・6倍の570円まで急騰しました。そして、2007年はなんと1月につけた390円から7月には一気に1030円まで2・6倍に上昇したのです。さらに2008年は下降トレンドの株が多い中で、1月安値291円から641円までまたまた2・2倍の上昇となっています。もし、この株を毎年うまく売買できたら、すごいことになると思いませんか？

宇徳の６年間のチャート

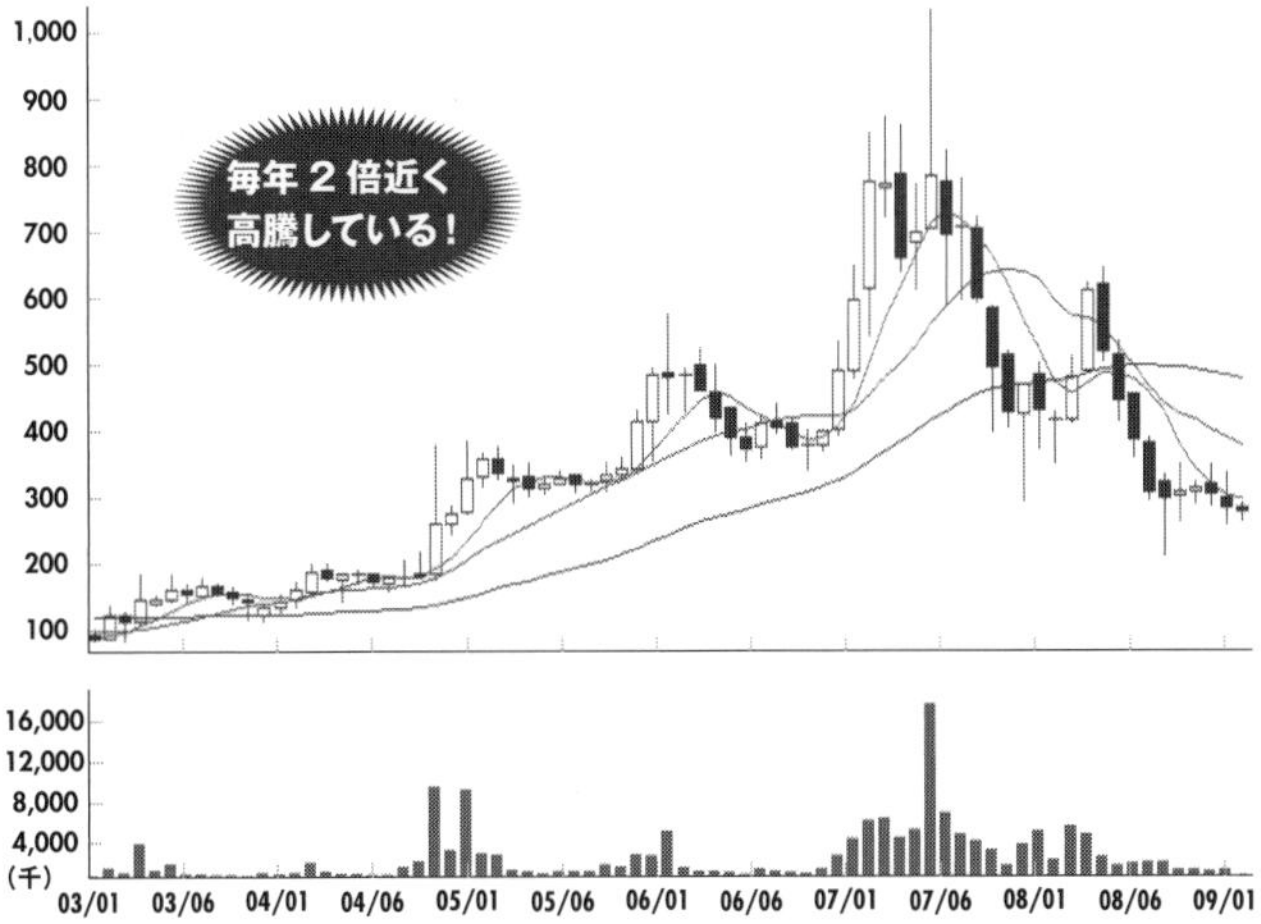

宇徳と同じように、オーエム製作所や玉井商船なども過去5年ぐらいは同様の動きをしています。ほかにも、昨年11月20日発売の『ＺＡｉ』１月号で私が推奨した名村造船所や東邦アセチレンなども、毎年上がる株として取り上げておきたいと思います。とくに名村造船所は昔から熱狂的なファンが多く、２００３年４月からの上昇相場で、なんと２０１円から２５１０円に12・４倍の上昇となりました。今回も２５１０円の高値から10月には一気に１６５円まで売り叩かれていましたので、リバウンドも大きいと思っていたのですが、『ＺＡｉ』で推奨後１カ月もしないうちに２２５円から４００円まで急騰したのです。

日経平均は2003年からの上昇相場後、すでに2年程度下降トレンドが続いていますが、次の上昇トレンドに乗り遅れないように、このような「毎年上がる株」をぜひ仕込んでおきたいものです。

底値を仕込むにはピラミッド投資法

いざ資金を用意して買おうとすると、まだ下がるかもしれないという不安にかられるものです。たしかに、誰しも気まぐれなチャートの行く先を正確に予想することは困難です。では、どのような買い方をすれば安全なのでしょうか?

例えば、いま100万円の資金で100円の株を1万株買い付けるとしましょう。まず、日経平均株価が大幅に下げた日に、とりあえず最低買付単位の1000株だけ買ってみることです。最初に買った株の買付単価が100円だったとします。

その後、運悪く値下がりして90円になりました。次はここで2000株買い付けします。さらに値下がりして、85円になったとします。ここで今度は2回目よりももう1000株追加して、3000株買い足しします。そして、その後、またまた下がって80円まで値下がりしました。ここで、3回目の買付株数よりもう1000株多く買うのです。

ここまでで予定の1万株を取得できたわけですが、ゆっくり逆張りで買い下がることで、平均買付単価を大きく下げることができます。こうすれば、一度にまとめて1万株買って待つよりも、リスクははるかに低下します。これが「ピラミッド投資法」です。

もし仮に最初に1000株買っただけで株価が上昇してしまった場合も、決して追いかけて買い上がらないでください。それをやると、買付単価を上げてしまいますので、リスクを増やしてしまいます。ほかにもよい株はいくらでもあるのですから、ルールを守れない人は株では生き残れないと思います。

ピラミッド投資法は、低いところで常に株数を多く買い付けますので、平均買付単価を下げるには非常に有効な手段です。ちなみに、今回のケースでの買付単価は（100＋90＋90＋85＋85＋85＋80＋80＋80＋80）÷10＝85・5円となります。

100円で買った株1万株が80円に値下がりした場合の含み損は20万円ですが、ピラミッド投資法で買い付けした場合は平均買付単価85・5円となり、含み損は5万5000円と低くなります。

株の大底を当てることは至難のワザです。ですから、最初からそんなことはあきらめて、下げるたびにこの方法で買っていけば、一度に買う場合に比べて勝つ確率ははるかに高いと思います。

もちろん、4回に分けて買っても、さらに値下がりすることもありますので、買付資金は常に3割から5割程度残しておくのがいいと思います。そして、ピラミッド投資法を使っても、含み損が2割を超えるようなときは、素早く損切りして再度体勢を立て直すことが重要だと思います。株の世界に絶対はありませんので、常に臨機応変に対応できるようにしておくのがいいと思うのです。

第4章

年収400万円から手取り1000万円になる方法

サラリーマンも
副業せざるをえない時代がやってくる

じつは、私はこの原稿を書いている最中にハワイに行ってきました。ホノルルマラソンに参加するためと、今度発売するCD（不動産投資用の教材）の録音が目的だったのですが、その際、ワイキキの不動産業者さんからこんな話を聞きました。ハワイでは共働きが多いそうです。昼間は観光バスの運転手をして、夜はデューティーフリー（免税店）で店員のバイト、こんなパターンで仕事を2カ所掛け持ちで働いている人が多いとのことです。

なぜそこまでしなければならないのでしょう？　それは、ハワイでは住宅価格が高いため、いったん家を買ってしまうと、ローンの支払いに追われて大変だからです。普通の郊外にある一戸建て中古住宅が6000万円もしますから、そんなのを買ってしまったら夜のバイトも仕方ないですよね！

日本でも、正社員で働いているからといって、決して安心してはいられない世の中になってしまいました。ソニーが全世界で8000人の正社員削減を発表しましたし、トヨタも国内のほぼ全工場で14日間もの操業停止に追い込まれています。一流企業の正社員でも、いつリストラに遭うかわからない時代になってしまいました。

今後、サラリーマンの給料は下がることはあっても、上がることはないと思います。厚生年金の保険料も毎年0・354％ずつ上がりますし、消費税も3年後にはアップが見込まれます。サラリーマンの経費として認められている給与所得控除を減らしたり、基礎控除の38万円を廃止しようという増税案も検討されています。

今後ますますサラリーマン世帯の可処分所得は減っていきますので、近い将来、サラリーマンの半数はなんらかの副業を持たざるをえなくなるでしょう。もちろん共働きは増えるでしょうし、手っ取り早いのは、休みの日もアルバイトをすることだと思います。

でも、いくら生活のためとはいえ、あなたはこれ以上奴隷労働をしたいですか？　会社の帰りや休日に、まだ働く気力、体力が残っていますか？「NO！」と答えた方は、体力を使う副業ではなくて、それ以外の副業を考えるしかないと思います。

私もアパート経営を考えたときに、サラリーマンをしながらでもほとんど手間がかからないという点が一番の魅力でした。しかも、手間のかかることはわずかな費用で管理会社に代行してもらえます。そして、銀行融資さえクリアできれば、すぐにでも家賃収入を得ることができるという素早さも、せっぱ詰まった私にはぴったりの副業でした。

就業規則で副業禁止規定のある企業も多いですが、マンション投資やアパート経営は大目に見ている会社も多いですから、可処分所得1000万円を目指すには最も適した副業だと思います。

株に比較すれば不動産投資はすごく安全

私は、最初は株で資金を増やし、それを頭金にして最初のアパートを取得しました。ただし、株の世界は非常に浮き沈みの激しい世界です。株式投資をやっている投資家の9割以上は、儲けるどころか損ばかりしています。ですから、自分は株に向いていないという方は、ひたすら貯金をして頭金を貯めることをおすすめします。

株と比較すると、不動産投資は比べものにならないくらい安全で安定している投資だと思います。しかも「株式投資を始めたいので、お金を貸してください！」と銀行にいくらお願いしたところで、株を買うのにお金を貸す銀行はありませんが、不動産投資でしたら、いきなり応接室に通されて、支店長さんからあいさつされたりします。つまり、株と不動産の明らかな違いは、銀行が貸したがっているかどうかということです(笑)。

不動産投資は株式投資と比較して必要になる資金量が格段に大きいため、そんな大金を用意できるわけがないと思い込んでいる方がほとんどです。敷居が高く感じると思いますが、株と比べれば、はるかに借金しやすいことは間違いありません。ポイントは、銀行が貸したくなるような担保評価の高い物件を用意することと頭金を用意することです。あとは、あなた自身が銀行から好かれるような属性(年齢、職業、年収、勤続年数、家族構成など)であれば、融資が通る可能性は高いと思います。

いったん収益物件を取得してしまえば、毎月安定した収入が入ってきますし、事業の割にはめんどうな手間もかかりません。管理会社に任せてしまえば、オーナーの業務をすべて代行してくれますので、サラリーマンでも時間をとられることはほとんどありません。リスクといえば、洪水や地震などの自然災害と火災や自殺ぐらいのものだと思います。

いまや自然災害や火災リスクの大半は保険でカバーできますので、唯一怖いのは大規模地震や自殺だと思いますが、それも収益物件の場所を分散したり、複数棟所有することによってリスクを軽減することは可能です。

不動産投資で重要なのは、よい場所によい物件を取得することはもちろんですが、それ以上に大家さんとしての経営力がものをいう世界です。たとえ立地が多少悪くても、経営努力で入居者を集める方法はありますし、築古の物件であっても、こまめにリフォームをしたり、リノベーションをして満室経営されている大家さんはたくさんいらっしゃいます。

要は、せっかくいい物件を取得しても、うまく運営するかどうかは大家さん次第だということです。地主さんが空いている夕ダの土地に建てているにもかかわらず、アパート経営で失敗することがあるのは、単に経営手腕がないからです。これさえ注意していれば、不動産投資はすごく安全な投資だといえるでしょう。

融資を成功させるには、銀行が好きそうな物件を選ぶのがコツ

ここのところ景気が悪くなってきたため、収益物件に対する融資も厳しくなってきまし

た。昨年までは年収400万円程度のサラリーマンでも、フルローン融資(物件価格に対して全額融資がつくこと)がついていました。ですから、昨年まではそれほど自己資金がなくても、まじめにサラリーマンをやってきた方なら1億円以上のアパートやマンションを比較的簡単に取得することができました。

ところが、昨年末ぐらいから一部のメガバンクで極端に融資基準が厳しくなり、サラリーマンであれば年収1000万円以上でかつ金融資産1000万円以上を持っていることが条件となってしまいました。

でも、安心してください。ほかの金融機関ではいままでどおり融資してくれるところもありますので、銀行の好きそうな担保価値の高い物件さえ持っていけば、まだフルローンの可能性はあると思います。

では、銀行はどのようにして融資金額を決定しているのでしょうか。一般的な方法は、積算価格で評価するものです。

土地の場合は、国税庁が定めている相続税路線価に面積をかけたのち、一定の係数をかけて算出します。

土地の積算価格＝路線価×土地の敷地面積×（銀行独自の係数）

建物の場合は、銀行独自の建築費単価を建物の延べ床面積にかけて再調達価格を算出します。そこから経過年数に応じた減価償却費を控除したものが建物の積算価格となります。

建物の積算価格＝建物建築単価×延べ床面積－（年間償却費×経過年数）

ここで、次のような例で、積算価格を算出してみましょう。

【土地】２０００㎡、路線価10万円
10万円×２０００㎡×１・２（係数）＝２４００万円……①

【建物】築10年の鉄筋コンクリート造、延べ床面積３００㎡、㎡単価15万円
15万円×３００㎡＝４５００万円
４５００万円÷47年（法定耐用年数）＝95万７０００円／年（年間償却額）

95万7000円×10年＝957万円（10年分の償却額）
4500万円－957万円＝3543万円……②

土地と建物合計の積算価格は、①＋②＝5943万円

銀行はこの積算価格に対して、さらに土地建物の値下がりリスク等を見込んで70～80％程度の掛け目をかけて融資額を決定しています。市場に売りに出ている物件はこの積算価格より高い物件がほとんどですが、なかには売り主の事情で積算価格を下回っている物件もあります。

さらに銀行の担保掛け目である70～80％を掛けた価格よりも低い物件であれば、フルローンの可能性は高くなるといえます。

新築の場合は、土地の購入価格と建物の見積もりの80％で評価する銀行や、土地について路線価の2割増しまでみてくれる銀行などいろいろですが、どの銀行の評価基準で積算しても結果は時価額のほぼ7～8割が担保価値となります。

アパート取得には自己資金はいくら必要？

不動産投資を始めるのに、まず自己資金はいくら必要でしょうか。一般的な銀行の融資基準は時価額の7～8割ということですから、その差額分の2～3割の自己資金が必要だということになります。そのほかに、不動産仲介手数料や登録免許税、不動産取得税などの諸費用が物件の価格に対して7～8％必要です。

例えば2000万円のアパートを買う場合は、最低でも2000万円の2割として400万円と7％の諸費用140万円ぐらいは用意しておいたほうがいいでしょう。購入にあたってまったく余裕のない資金計画ですと、予期せぬ出費があった場合に対応できなくなります。

とくに15年以上経過したような物件ですと、どうしてもエアコンや給湯器などの設備が交換の時期にきていますし、建物外部も鉄筋コンクリートでしたら屋上防水や外壁の大規模修繕がそろそろ必要な時期でもあります。鉄骨にALC板やサイディングを張った建物も同様に屋上防水と外壁目地の補修は必要だと思います。木造瓦葺きの建物は、屋根はまだ大丈夫ですが、外壁サイディングの目地補修は必要だと思います。

銀行によってはこれらのリフォーム費用も合わせて融資しますというところもありますが、いざというときの余裕資金は少しでも多いほうがいいと思います。

最初から中古ではなく新築をお考えの方は、土地代ぐらいの自己資金があれば、その上に建てる建物代金はどこの銀行でも融資してくれると思います。ただし、新築を一から自分で企画する場合は、ある程度その地域の家賃相場や、人気の間取りや人気の地域、建築のことなどを知らないと、せっかく建てても空室だらけというケースもありますので、初心者の方にはあまりおすすめできません。

それよりも、できるだけ建築年度が新しくて、しばらく修繕の必要のない物件か、もしくは20年以上たっていて、設備や外回りの修繕が終わっている物件を狙うのがいいと思います。

築浅の物件はまだ減価償却がたくさん残っていますから節税効果も大きいですし、築後20年以上の物件は家賃がほとんど底値まで下がりきっていますから、物件を取得してからの大幅な家賃の下落は少ないと思われます。最も中途半端なのが、ちょうど設備の減価償却が終わってしまった15年程度経過した物件です。節税効果は半減しますし、家賃がちょうど大きく下落する時期ですし、設備も次々壊れていくらお金があっても足りないという物件もありますので、ご注意を！

銀行融資は社長よりも普通のサラリーマンが断然有利

私が初めて物件を取得した2001年頃も、銀行融資はかなり厳しい時期でした。どこの銀行もまだ不良債権をたくさん抱えていましたし、貸し渋りや貸しはがしも騒がれていたときです。

いくら自己資金が少しあったとしても、転職歴5回のサラリーマンに本当にお金を貸してくれるのかすごく不安でした。5000万円もする物件を買うなんて、私にとっては一生で一度の一番大きな買い物だと思っていましたし、融資担当者からも「吉川さんは今後当面物件を買われることはないでしょうから、根抵当ではなく普通抵当にしておきますので……」といわれていたくらいです。

でも、銀行って、実績ができると、意外と次々融資してくれるんです。おかげで次の年も買いましたし、その後も6棟ぐらい新築することができました。

先程、属性という言葉が出てきましたが、これは銀行が融資をするための安全度を推し量る指標として使っているもので、職業や年齢、収入、勤続年数、借り入れの有無、配偶者の有無、家族構成など細かなチェック項目があります。

職業として銀行が融資をしやすいのは、絶対つぶれる心配のない公務員や一般的に収入の高い医師や弁護士、一部上場企業のサラリーマンです。もちろん、地元の中小企業に勤めるサラリーマンの方でも、年収が300万円台の方でも、1億円以上の融資を受けている方はいます。ただし、同じサラリーマンでも、歩合給で働く営業やセールスなどは収入が不安定と見なされ、不利になってしまいます。

職業の部分で最も不利な扱いとなるのは勤続年数が短い場合で、最低でも3年以上勤務していないと無理だと思います。3年以内で転職を繰り返している人も信用の面でかなり不利になると思います。

また、自営業者や零細企業の社長の場合は、サラリーマンよりも収入が不安定と見なされ、いくら商売が好調でもサラリーマンよりかなり不利な扱いを受けてしまいます。

配偶者の有無については、たとえ奥さんが主婦であっても、働き手が複数いるという理由で有利に見られますし、子供の人数は多いほど不利になり、いない場合が一番有利となります。ある銀行では、子供1人に対して年間の生活費が150万円かかると見て試算しています。

借金の有無については、不動産投資の借り入れを除き、住宅ローンや車のローン、教育ローンなどは不利になってしまいますし、カードでキャッシングかなにかをしていたら、かなり不利な扱いをされる可能性があります。

銀行がこのように個人の属性を重視する理由は、もし空室が増えて持ち出しとなった場合に、個人の収入から補填できるのかどうかを見極めようとしているわけです。

あるメガバンクの担当者は、その人の職業や年齢、金融資産の残高を見れば、普段からどのくらいまじめに努力してきたかがうかがえるといいます。銀行もやはり絶対に約束を守ってくれそうな、まじめな人に貸したいのは間違いありません。銀行融資を受けようと思ったら、日頃から質素倹約、ケチケチ生活を心がけておく必要がありますよね！

サラリーマンが1448万円の小金持ちを目指すには

所得税の税制を考えたときに、不思議に思うことがひとつあります。日本は累進税率ですので、所得が増えるごとに税率が上がるのは理解できます。でも、税率が5％、10％、20％と上がっていって、なぜ次は23％となっているのでしょうか。23％の次はまた10％上がって33％になっています。そして最高税率は現在のところ40％です。

所得税の速算表をご覧いただければ明らかなのですが、税率20％から23％のところだけが小刻みで、その差3％になっているんです。課税される所得金額でいえば695万円超～900万円以下、サラリーマンでいえば奥さんと子供2人の4人家族で給与所得1448万円の方がちょうどこの上限にきます。高級官僚といわれるキャリア組の45歳課長で1100万円、40代後半の主要ポストの課長で1400万円という年収がちょうどこの税率23％にぴったり収まってしまうのは、単なる偶然なのでしょうか？

所得税の速算表

課税される所得金額	税率	控除額
1,000円から1,949,000円まで	5%	0円
1,950,000円から3,299,000円まで	10%	97,500円
3,300,000円から6,949,000円まで	20%	427,500円
6,950,000円から8,999,000円まで	23%	636,000円
9,000,000円から17,999,000円まで	33%	1,536,000円
18,000,000円以上	40%	2,796,000円

(注) 例えば「課税される所得金額」が700万円の場合には、求める税額は次のようになります。
700万円×0.23−63万6000円=97万4000円
(出所) 国税庁HP

うがった見方をすれば、税制を決めている財務省のキャリア官僚たちが自分の心地よい居場所をつくったようにも思えてしまいます。まあ、真実はどうであれ、この税率表を眺めている限り、この税率23%の部分が私には砂漠のオアシスに見えて仕方ないんです(笑)。であれば、サラリーマンだったら不動産投資でここを目指すのが一番手っ取り早く小金持ちになる方法だと思うんです。

では、具体的にどんな物件を取得していけばいいのでしょうか。私が不動産投資をする上でいままで心がけてきたことは効率です。いかに高い利回りの物件を取得するかということを心がけてきました。中古の場合は利回り15％以上の物件を目標にしてきましたし、新築でも16・3％という物件もつくり出しました。収益力が高ければ経営の安全度も増しますので、ぜひ利回りの高い物件を取得していただきたいと思います。

次に大切なことは、減価償却をたくさん落とせる物件を入手することです。減価償却は経費として計上できますが、実際にはお金が手元から出ていくわけではありませんので、まるまる利益として残っていきます。

この減価償却が大きい物件こそ、金の卵を生むガチョウのような物件だといえます。建物の構造でいえば、法定耐用年数の短い木造や軽量鉄骨などが減価償却を大きく落とせる物件です。築年数的には、設備の償却がまだ5年程度残っている築後10年程度の物件がおすすめです。逆に15年以上経過した物件は設備の減価償却が終わっていますので、あまりお金が残らない物件ということになります。

ほかにも年間経費や維持費の少ない物件を選べば、当然、手元に残るお金は多くなります。例えば、木造のアパートはＲＣに比べて固定資産税が１／３～１／４程度で済みますし、エレベーターや高架水槽もありませんから、点検費用や電気代などは雲泥の差です。やはりアパート経営も最も重視すべきは効率だと思うのです。

ステップ1

年収400万円からアパート1棟を手に入れる！

年収400万円のサラリーマンが、アパート経営で可処分所得1000万円になるためには、どのような物件を持てばいいのかシミュレーションしてみましょう。ここでは、妻と子供2人を持つサラリーマンをモデルとします。

①年収　400万円
②給与所得控除　400万円×20%＋54万円＝134万円
③社会保険料控除　健康保険　400万円×4.1%＝16万4000円
　厚生年金　400万円×7.675%＝30万7000円
④配偶者控除　38万円

⑤扶養控除　38万円×2人＝76万円
⑥生命保険料控除　生命保険5万円
⑦基礎控除　38万円
課税所得金額　①－(②＋③＋④＋⑤＋⑥＋⑦)＝61万9000円
所得税　61万9000円×5％＝3万9900円

仮に、このサラリーマンが次のような物件を取得した場合は、どうなるでしょうか。資金調達や年間費用もあわせてシミュレーションしてみましょう。

[物件概要]
構造　木造スレート葺、サイディング張り、2階建て共同住宅1棟、1K6室
建築年度　平成11年
価格　土地1250万円
　　　建物1250万円
利回り　14％

【資金計画と見込家賃】

資金計画　銀行借入2000万円＋自己資金500万円（諸費用も自己資金で捻出）

融資条件　元利均等払い180カ月（15年）、金利5年固定2・0％

満室時年間家賃　350万円

実質年間家賃見込額　350万円×95％（入居率）＝332万5000円

【年間経費】

①減価償却費　116万1000円

減価償却費は、建物1250万円を設備と建物に分けて償却することになります。

仮に建物7割、設備3割とします。

建物　1250万円×70％＝875万円

設備　1250万円×30％＝375万円

中古の償却資産を取得した場合（法定耐用年数の一部を経過した資産）は、（法定耐用年数－経過年数）＋（経過年数×20％）＝見積耐用年数となります。これに基づいて計算すると、建物は（22年－10年）＋（10年×20％）＝14年で償却することになります。

同様に、設備は（15年－10年）＋（10年×20％）＝7年で償却することになります。

減価償却には定額法と定率法がありますが、ここでは設備もすべて定額法で償却することにします。

　建物の年間償却額　875万円÷14年＝62万5000円
　設備の年間償却額　375万円÷7年＝53万6000円
　建物＋設備の合計償却額＝116万1000円

②借入金利子　1回～12回目までの利息合計　38万9000円
③損害保険料　全労済加入保険金額2000万円で　1万4000円
④修繕費　年間家賃×5％を見込む　16万6000円
⑤定期清掃費　4000円×12カ月＝4万8000円
⑥共用部分水道・電気代　4000円×12カ月＝4万8000円
⑦管理委託費　350万円×0・95（入居率）×5％＝16万6000円
⑧固定資産税　木造の場合は月額家賃の1／3～1／4程度を見込む
27万7000円×1／3＝9万2000円

アパート経営年間経費合計

①＋②＋③＋④＋⑤＋⑥＋⑦＋⑧＝208万4000円

アパート経営年間収支

332万5000円（家賃）－208万4000円（経費）＝124万1000円

［所得税の算出］

61万9000円（給与所得における課税所得金額）＋124万1000円（不動産収入における課税所得）＝186万円

所得税　186万円×税率5％＝9万3000円

アパート1棟取得したことにより年間収入は332万5000円増えますが、減価償却を除いた実際に出ていく支出は92万3000円発生します。つまり、年間家賃収入332万5000円－92万3000円＝240万2000円、ここから借入金の元金返済相当分115万5000円を返済すると、実際に手元に残るキャッシュは年間124万7000円となります。年間124万円が毎年入ってくるとなると、ちょっと余裕も出ますし、貯金もいままでよりは早く貯まると思います。

ステップ2 2棟目のアパートで340万円アップ!

次に、このサラリーマンが5000万円の物件を取得した場合はどうなるか、シミュレーションしてみましょう。

[物件概要]
構造 木造瓦葺、サイディング張り、2階建て共同住宅1棟、1K12室
建築年度 平成11年
価格 土地2500万円
建物2500万円

利回り　14％

【資金計画と見込家賃】
資金計画　銀行借入4500万円＋自己資金500万円（諸経費も自己資金で捻出）
融資条件　元利均等払い180カ月（15年）、金利5年固定2・0％。
満室時年間家賃　700万円
実質年間家賃見込額　700万円×95％（入居率）＝665万円

【年間経費】
①減価償却費　232万1000円
減価償却費は、建物2500万円を設備と建物に分けて償却することになります。
仮に建物7割、設備3割とします。
建物　2500万円×70％＝1750万円
設備　2500万円×30％＝750万円
中古の償却資産を取得した場合（法定耐用年数の一部を経過した資産）は、（法定耐用年数－経過年数）＋（経過年数×20％）＝見積耐用年数となります。これに基づいて計算すると、建物は（22年－10年）＋（10年×20％）＝14年で償却することになります。

同様に、設備は（15年－10年）＋（10年×20％）＝7年で償却することになります。

減価償却には定額法と定率法がありますが、設備もすべて定額法で償却することにします。

建物の年間償却額　1750万円÷14年＝125万円
設備の年間償却額　750万円÷7年＝107万1000円
建物＋設備の合計償却額＝232万1000円

②借入金利子　1回～12回目までの利息合計　87万6000円
③損害保険料　全労済加入保険金額4000万円で　2万8000円
④修繕費　年間家賃×5％を見込む　33万3000円
⑤定期清掃費　6000円×12カ月＝7万2000円
⑥共用部分水道・電気代　6000円×12カ月＝7万2000円
⑦管理委託費　700万円×0・95（入居率）×5％＝33万3000円
⑧固定資産税　木造の場合は月額家賃の1／3～1／4程度を見込む

55万4000円×1／3＝18万5000円

アパート経営年間経費合計

①＋②＋③＋④＋⑤＋⑥＋⑦＋⑧＝422万円

アパート経営年間収支

665万円（家賃）－422万円（経費）＝243万円

［所得税の算出］

61万9000円（給与所得における課税所得金額）＋124万1000円（1棟目）＋243万円（2棟目）＝429万円

所得税　429万円×税率20％－42万7500円（控除額）＝43万500円

アパートを2棟取得したことにより、家賃収入は997万5000円に増えるのですが、減価償却を除いた実際に出ていく経費は2棟で282万2000円発生します。年間家賃のうち手元に残るのは、997万5000円−282万2000円＝715万3000円。ここから、2棟分の元金の返済、115万5000円＋259万8000円＝375万3000円を引くと、340万円が残る計算になります。毎年これぐらいの家賃収入が残っていれば、いよいよ金持ちサラリーマンへの道も近くなってくるはずです。

ステップ3 さらに物件を増やして1000万円の小金持ちに！

同様に、このサラリーマンが2棟目と同じ規模の物件をもう1棟取得した場合を考えてみましょう。

家賃収入合計
332万5000円＋665万円＋665万円＝1662万5000円
年間経費合計
208万4000円＋422万円＋422万円＝1052万4000円

アパート経営年間収支
1662万5000円－1052万4000円＝610万1000円

実際支出経費
1052万4000円－減価償却費（116万1000円＋232万1000円＋232万1000円）＝472万1000円

手元に残る額
1662万5000円－472万1000円＝1190万4000円

元金返済後のキャッシュフロー
1190万4000円－3棟分の元金返済（115万5000円＋259万8000円＋259万8000円）＝555万3000円

【所得税の計算】
61万9000円（給与所得における課税金額）＋124万1000円（1棟目）＋243万円（2棟目）＋243万円（3棟目）＝672万円

所得税　６７２万円×税率20％－42万７５００円（控除額）＝91万６５００円

３棟取得した時点で投資額総額は１億２５００万円となり、アパートからの収入はサラリーマン収入を大きく上回ってきます。この辺までくると、リタイアも視野に入ってくるのではないでしょうか。さらに可処分所得１０００万円を目指すにはもう１棟取得したいところです。

仮にこのサラリーマンが同様に５０００万円の物件をもう１棟取得した場合は、以下のようになります。

家賃収入合計
３３２万５０００円＋６６５万円＋６６５万円＝２３２７万５０００円
年間経費合計
２０８万４０００円＋４２２万円＋４２２万円＝１４７４万４０００円

アパート経営年間収支

2327万5000円－1474万4000円＝853万1000円

実際支出経費

1474万4000円－減価償却費（116万1000円＋232万1000円＋232万1000円）＝662万円

手元に残る額

2327万5000円－662万円＝1665万5000円

元金返済後のキャッシュフロー

1665万5000円－4棟分の元金返済（115万5000円＋259万8000円＋259万8000円）＝770万6000円

［所得税の計算］

61万9000円（給与所得における課税金額）＋124万1000円（1棟目）＋243万円（2棟目）＋243万円（3棟目）＋243万円（4棟目）＝915万円

所得税　915万円×税率33％－153万6000円（控除額）＝148万3500円

ここまでくれば、可処分所得は給与所得400万円－社会保険料47万1000円＝352万9000円と不動産所得でのキャッシュフロー770万6000円の合計1123万5000円になります。ここから所得税148万3500円と住民税93万8000円を支払うと、残りは約881万3500円になります。

実際には、ほかにも青色申告控除65万円や経費の計上により、可処分所得は1000万円を超えるものと思います。

この場合は、所得税の税率が33％までできてしまいましたが、もう少し規模の小さい物件にするなどすれば、効率的な税率23％ゾーンに収まると思います。簡略化したケースですので、あくまでも目安としてお考えください。

このように、今回の例では、累計投資総額は1億7500万円、4棟42室、家賃総額は2327万5000円、元金返済後のキャッシュフローは770万6000円、税金を支払ったとしても余裕の金持ちサラリーマンライフが待っているはずです。

年収600万円から可処分所得1000万円への道

それでは、年収600万円で妻と子供2人を持つサラリーマンが、アパート経営で可処分所得1000万円の小金持ちを目指すには、どの程度の物件を取得すればいいのかについても見ていきましょう。

①年収　600万円
②給与所得控除　600万円×20％＋54万円＝174万円
③社会保険料控除　健康保険　600万円×4・1％＝24万6000円
　　　　　　　　　厚生年金　600万円×7・675％＝46万500円
④配偶者控除　38万円
⑤扶養控除　38万円×2人＝76万円

⑥生命保険料控除　生命保険5万円
⑦基礎控除　38万円
課税所得金額　①－(②＋③＋④＋⑤＋⑥＋⑦)＝198万3000円
所得税　198万3000円×10％＝19万8300円

仮に、このサラリーマンが次の物件を取得した場合には、どうなるでしょうか。資金調達や年間費用もあわせてシミュレーションしてみましょう。

[物件概要]
構造　木造スレート葺、サイディング張り、2階建て共同住宅1棟、1K6室
建築年度　平成11年
価格　土地1250万円
　建物1250万円
利回り　14％

［資金計画と見込家賃］

資金計画　銀行借入２０００万円＋自己資金５００万円（諸費用も自己資金で捻出）

融資条件　元利均等払い１８０カ月、金利５年固定２・０％。

満室時年間家賃　３５０万円

実質年間家賃　３５０万円×95％（入居率）＝３３２万５０００円

［年間経費］

①減価償却費　１１６万１０００円

建物の年間償却額　８７５万円÷14年＝62万５０００円

設備の年間償却額　３７５万円÷７年＝53万６０００円

建物＋設備の合計償却額＝１１６万１０００円

②借入金利子　１回～12回目までの利息合計　38万９０００円

③損害保険料　全労済加入保険金額２０００万円で　１万４０００円

④修繕費　年間家賃×５％を見込む　16万６０００円

⑤定期清掃費　４０００円×12カ月＝４万８０００円

⑥共用部分水道・電気代　4000円×12カ月＝4万8000円
⑦管理委託費　350万円×0.95（入居率）×5％＝16万6000円
⑧固定資産税　木造の場合は月額家賃の1／3〜1／4程度を見込む
27万7000円×1／3＝9万2000円

アパート経営年間経費合計
①＋②＋③＋④＋⑤＋⑥＋⑦＋⑧＝208万4000円

アパート経営年間収支
332万5000円（家賃）－208万4000円（経費）＝124万1000円

［所得税の算出］
198万3000円（給与所得における課税所得金額）＋124万1000円（不動産収入における課税所得）＝322万4000円
所得税　322万4000円×税率10％－9万7500円（控除額）＝22万4900円

さらに、このサラリーマンが5000万円の物件を取得した場合は、以下のようになります。

［物件概要］
構造　木造瓦葺、サイディング張り、2階建て共同住宅1棟、1K12室
建築年度　平成11年
価格　土地2500万円
　　　建物2500万円
利回り　14％

［資金計画と見込家賃］
資金計画　銀行借入4500万円＋自己資金500万円（諸経費も自己資金で捻出）
融資条件　元利均等払い180カ月（15年）、金利5年固定2・0％。
満室時年間家賃　700万円
実質年間家賃見込額　700万円×95％（入居率）＝665万円

【年間経費】

①減価償却費　232万1000円

建物の年間償却額　1750万円÷14年＝125万円

設備の年間償却額　750万円÷7年＝107万1000円

建物＋設備の合計償却額＝232万1000円

②借入金利子　1回～12回目までの利息合計　87万6000円

③損害保険料　全労済加入保険金額4000万円で　2万8000円

④修繕費　年間家賃×5％を見込む　33万3000円

⑤定期清掃費　6000円×12カ月＝7万2000円

⑥共用部分水道・電気代　6000円×12カ月＝7万2000円

⑦管理委託費　700万円×0・95（入居率）×5％＝33万3000円

⑧固定資産税　木造の場合は月額家賃の1／3～1／4程度を見込む

55万4000円×1／3＝18万5000円

アパート経営年間経費合計

①＋②＋③＋④＋⑤＋⑥＋⑦＋⑧＝４２２万円

アパート経営年間収支

６６５万円（家賃）－４２２万円（経費）＝２４３万円

［所得税の算出］

１９８万３０００円（給与所得における課税所得金額）＋１２４万１０００円（１棟目）＋２４３万円（２棟目）＝５６５万４０００円

所得税　５６５万４０００円×税率20％－42万７５００円（控除額）＝70万３３００円

２棟取得したことにより、課税所得金額は５６５万４０００円にまで上昇してきますが、課税所得金額９００万円まではまだかなり余裕があります。

さらなる物件取得でセミリタイアも夢じゃない！

このサラリーマンが、同様にして2棟目と同じ規模の物件をもう1棟取得すると、以下のようになります。

家賃収入合計
332万5000円＋665万円＋665万円＝1662万5000円

年間経費合計
208万4000円＋422万円＋422万円＝1052万4000円

アパート経営年間収支
1662万5000円－1052万4000円＝610万1000円

実際支出経費
1052万4000円－減価償却費（116万1000円＋232万1000円）＝472万1000円

手元に残る額
1662万5000円－472万1000円＝1190万4000円

元金返済後のキャッシュフロー
1190万4000円－3棟分の元金返済（115万5000円＋259万8000円＋259万8000円）＝555万3000円

［所得税の計算］
198万3000円（給与所得における課税金額）＋124万1000円（1棟目）＋243万円（2棟目）＋243万円（3棟目）＝808万4000円
所得税　808万4000円×税率23％－63万6000円（控除額）＝122万3300円

3棟取得した時点で投資額総額は1億2500万円となり、アパートからの実質キャッシュフローはサラリーマン収入と同じぐらいまで増えてきます。この辺までくると、リタイアも視野に入ってくるのではないでしょうか。さらに、可処分所得1000万円を目指すには、もう1棟取得したいところです。

仮に、このサラリーマンがさらに同様の5000万円の物件をもう1棟取得した場合は、以下のようになります。

家賃収入合計
332万5000円+665万円+665万円+665万円＝2327万5000円
年間経費合計
208万4000円+422万円+422万円+422万円＝1474万4000円
アパート経営年間収支
2327万5000円－1474万4000円＝853万1000円
実際支出経費
1474万4000円－減価償却費（116万1000円+232万1000円+232万1000円+232万1000円）＝662万円

手元に残る額

2327万5000円－662万円＝1665万5000円

元金返済後のキャッシュフロー

1665万5000円－4棟分の元金返済（115万5000円＋259万8000円＋259万8000円＋259万8000円）＝770万6000円

【所得税の計算】

198万3000円（給与所得における課税金額）＋124万1000円（1棟目）＋243万円（2棟目）＋243万円（3棟目）＋243万円（4棟目）＝1051万4000円

所得税　1051万4000円×税率33％－153万6000円（控除額）＝193万3600円

ここまでくれば、いったん入ってくる所得は給与所得600万円－社会保険料70万6500円＝529万3500円と不動産所得でのキャッシュフロー

770万6000円の合計1299万9500円になります。ここから所得税193万3600円と住民税107万4300円を支払い、残った999万1600円が可処分所得ということになります。

税率は最も居心地のいい23%を超えてしまいましたが、もう少し小さい物件にしたり、そのほかの経費の計上があれば、効率的な税率23%ゾーンに入ることもできます。これぐらいの収入があれば、余裕の金持ちサラリーマンライフが満喫できるはずです。もちろん、アパート収入だけで給与所得を170万円オーバーしていますので、リタイアやセミリタイアすることも可能だと思います。

私の周りの金持ちサラリーマンたち

不動産投資というと、投資金額が何千万円単位にもなるため、かなり敷居が高いと思っている方が多いと思います。たしかに、サラリーマンにいきなり1億円の物件を取得しろというのは酷な気がします。では、いくらぐらいの物件から始めればいいのでしょうか？

私の周りには、幸いたくさんの不動産投資で成功している仲間がいます。不動産投資を具体的にイメージしていただくために、そのなかから何人かの方の事例をご紹介したいと思います。ここに登場するみなさんは、決して特別な方々ではありません。私と同じように、本などを読んで不動産投資に目覚め、サラリーマンを続けながら物件を取得していったのです。

みなさんに共通するのは、普通のサラリーマンだということです。それと、不動産投資をするために必要な勉強をされているということです。あとは、よい物件に巡り合うために、不動産業者さんを何軒も、また何度も回って物件を見つけておられることです。その結果、利回り15%~21・5%もの高利回り物件を取得されているのです。

もちろん物件は見つかっても、融資がつかなくて何行も銀行回りをされた方もいらっしゃいます。断られるたびに、次はどこの銀行に行けばいいかと、私に相談してきた方もいらっしゃいます。でも、みなさん持ち前の行動力と絶対に狙った物件は取得するという強い意志で、順調に物件を増やしていらっしゃいます。

「自分の年収で果たして融資してもらえるのだろうか?」と年収を気にする方もいらっしゃいますが、たしかに年収は少ないより多いほうがいいでしょう。でも、銀行担当者から融資がついた理由を聞いてみると、まずは「物件力」だということがいえます。銀行はまずその物件の担保価値と収益力を見ます。その次に、本人の属性だということです。このことに気づけば、年収300万円台でも不動産投資はチャレンジできるのです。

じつはサラリーマンをまじめに続けている方であれば、誰でも「金持ちサラリーマン」になれると思うのですが、絶対になれない人もなかにはいます。それは、本を読んだだけでまったく行動に移さない人です。絶対に自分には無理だと自己暗示をかけてしまう人です。以下で紹介する、すでに不動産投資で成功されている方々の事例を参考にしていただければ、不動産投資に対する不安も払拭《ふっしょく》されるのではないでしょうか。

年収300万円台からの不動産投資でリタイア目前のHさん

Hさんとお会いしたのは、私が『そして私は「金持ちサラリーマン」になった』という本を新風舎（現在は倒産し絶版。復刻版は電子書籍として、こちらのサイトで発売中。

http://a1-yoshikawa.com/）から出して、しばらくしてからのことですが、Hさんは努力して素晴らしい物件を取得されています。

最初の物件を取得されたのが２００５年なのですが、なんと利回りは21・５％という驚くべき物件です。敷地は２４０坪、重量鉄骨造２階建てで築後経過年数は９年。当時、この経過年数でこれだけ高利回りの物件はありませんでした。

もともとこの物件は６０００万円ぐらいから売りに出ていたとのことですが、５０００万円に下がったところから価格交渉を始めて、ついには４３００万円で売り主さんの了解を得たそうです。期間をおきながら真摯《しんし》にねばり強く交渉した結果だと思います。

そして当時、Hさんは年齢的にも33歳と若く、年収も３００万円台で、自己資金は６００万円しかなかったそうです。地元の地銀ではまず融資が困難と判断したHさんは、メンターともいえる友人に相談し、日頃からの熱心さと努力も伝わって快く応援を受けました。そして、当時、融資に積極的だったメガバンクを紹介してもらったそうです。そこで見事に４３００万円のフルローンを返済期間20年で借りることができました。使った自己資金は諸費用の２６０万円だけだったそうです。

後日、銀行の融資担当者の方に、Hさん自身が年収３００万円の自分になんで融資がついたのか聞いたところ、充分に準備された手づくりの資料と、物件がよかったからだ、といわれたそうです。つまり、担保評価に対して物件価格が充分安かったことと、利回りが高い物件のため、収益還元法で計算しても充分融資可能な物件だったということです。そして、しっかりとした資料を準備してもらったおかげで、稟議をスムーズに通すことができた、と融資担当者からもお褒めの言葉までいただいたそうです。

この物件の年間賃料は920万円、返済額は300万円だそうです。誰が見てもよだれが出そうなおいしい物件ですよね！

そして、Hさんの2棟目の物件もなかなかキャッシュフローの太い物件です。築後15年で利回り15・5％のRCを2007年に1億2000万円で取得されました。2LDK20戸で、家賃は年間1860万円の物件です。これも融資金額1億2400万円のなんとオーバーローンでした。30年返済で、返済額は年間576万円だそうです。

Hさんは最初の1棟ですでにサラリーマン年収をとっくに上回っているのですが、2棟目を取得したことで、一気に家賃収入は2780万円にもなりました。2棟目のRCはエレベーターがついているため、管理費や電気料金が結構かかるらしいのですが、それでもこの2棟からの手取りキャッシュフローは900万円程度になるそうです。

Hさんのお話では、今年中にもう2棟キャッシュフローの太い物件を取得されて、自分の好きなことの勉強に没頭できるよう、セミリタイアするのが目標とのことでした。

20％の物件を3棟まとめ買いで金持ちサラリーマンに

Eさんは現在52歳のサラリーマンで、奥さんとお子さん2人の年収600万円台の方です。まさにモデルケースで試算した年収600万円のケースにぴったり当てはまる方だと思います。

不動産投資を始められたきっかけは、現在の仕事がかなりきつく、サービス残業も多くて肉体的にも精神的にも限界にきていることと、将来に対する不安が理由だったとのことです。最初の物件を取得したのは、いまから6年前の2003年で、46歳のときです。中古の築後17年経過した鉄骨2階建て1K4室を1200万円で取得されました。年間の家賃収入は180万円です。

当時、頭金はできるだけ出したくなかったので、自己資金は４００万円と諸費用分のみ出して、残り８００万円は銀行で9年返済のローンにしたとのこと。たまたま、老夫婦が持っておられて、離れている息子といっしょに住むために住宅とアパートを早く処分したいという話だったそうです。おかげで買値は土地の値段だったようです。ＪＲの駅まで近いこともあって、空室が出てもすぐ決まる物件で、6年たったいまも満室経営されています。利回りは15％とそんなに高くはなかったのですが、とてもよい物件だったのではないでしょうか。

その後、Ｅさんはいろいろ次の物件を探されたのですが、融資を申し込んだ物件が1億～3億円という桁違いに大きな物件だったこともあり、なかなか銀行融資が通らなかったようです。ようやく3年後の２００6年になって、木造築2年の１Ｋ12室、利回り12％という物件を自己資金９００万円と銀行借り入れで購入し、物件を増やすことに成功しました。2棟目の購入金額は５７００万円で、年間家賃収入は６８０万円です。

その後、２００8年にたまたま倒産した住宅メーカーが所有していたアパートが3棟同時に任意売却に出されていることを知り、銀行に打診したところ、売却価格７２００万円に対してなんと７８００万円のオーバーローンがついたのです。築11年の木造２ＤＫ４

戸と1K14戸、そして築8年の木造2DK6戸で、利回りはなんと20％。年間家賃収入は1440万円にもなる物件です。

この物件がオーバーローンになった理由は、敷地が国道に面して600坪もあるため、土地の評価だけでも物件価格相当の評価が出てしまうんです。そのあたりに気づいたことが、Eさんの勝因だったのではないでしょうか。

Eさんは5年で5棟40室、年間家賃収入2300万円までできました。返済は年間1032万円とのことですので、給与所得も含めた可処分所得はすでに1000万円を超えています。そろそろリタイアも視野に入ってきたと思うのですが、会社を盛んに辞めたいというEさんに、もう1～2棟新築を取得してからにするようにと、いつもアドバイスしています。「Eさん、まだ絶対に会社を辞めちゃダメですよ！」

ハワイ好きのEさんとは、昨年、ホノルルマラソンをいっしょに走ってきました。Eさんの今後の目標は、あこがれのハワイに住宅を買うことだそうです。Eさんにはそれまでもうしばらく金持ちサラリーマンを続けていてほしいと思います。

週休4日のセミリタイアを実現したサラリーマン

ハンドルネーム「わくわくR·i c hさん」は、ファイナンシャルブログランキング上位の有名ブロガー（http://plaza.rakuten.co.jp/wakuwakubooks/diary/）でもありますが、2007年になんとわずか2カ月でRC2棟33室を取得されて、その半年後には週休4日のセミリタイアを達成された方です。

サラリーマンで週に3日しか仕事をしないという働き方を実現してしまったわくわくRi c hさんには正直驚いてしまいますが、一応、いまも病院に勤務されている事務系サラリーマンの方です。

そもそも、わくわくR·i c hさんが不動産投資に目覚めたのは『金持ち父さん貧乏父さん』（筑摩書房）を読まれて、「日本ではどうすればいいのか？」と思っていたところ、ちょうど私の『そして私は「金持ちサラリーマン」になった』が出て、しかも自分と同じ富山県で実践している人がいるということで自信がついたらしいのです。

でも、当時、貯金がほとんどなくて困っていたところ、ちょうどいい具合に金森重樹氏の『1年で10億つくる！不動産投資の破壊的成功法』（ダイヤモンド社）が出たそうです。サラリーマンでもフルローンやオーバーローンがつくことを知って「これだ！」と思い、すぐに物件を探して銀行に持っていったそうです。

折しも、ちょうど地方の物件でもフルローンやオーバーローンがついていた時期でしたので、ラッキーなことに9月、11月とわずか2カ月で2棟33室を取得することができました。

1棟目は、1988年築のRCで2DK8室の物件を4200万円で購入。融資金額は諸費用も込みの4500万円、自己資金はゼロ！　なんともうらやましい話ですよね！

家賃収入は月50万円、借入期間は25年で月々の返済金額は20万円、表面利回りは15％になります。

2棟目は、その2カ月後に築後16年のRC、1K、2DK、3LDK、6LDKと店舗を含めて25室の物件を1億1500万円で取得されています。家賃収入は月額120万円で、返済は月額50万円。融資金額はこれも諸費用込みの1億2400万円。このときも自己資金はゼロ。まさに自己資金をまったく使わず、2回も他人のふんどしで相撲をとったのですから「わくわくＲｉｃｈ」というハンドルネームも納得できますよね！（笑）。

２棟からの年間家賃合計は２０４０万円にもなります。返済額は年間８４０万円ですので、同程度のキャッシュフローが残るはずです。もちろん可処分所得もすでに１０００万円を超えています。２棟目を買われて、いきなり新車のベンツを取得されたのも、うなずけますよね！

わくわくＲｉｃｈさんは投資に関してすごく好奇心旺盛で、株はもちろんＦＸや日経２２５など、あらゆるものにチャレンジされています。もちろんブログを拝見していると、読まれている本の数はハンパじゃないことがうかがえます。自己投資されている金額は、私なんか足元にも及びません。

いきなり新築２棟建てて ついでにマイホームまで取得

２００７年、私の所に突然「メンターになってください！」と名刺を差し出した子連れ投資家のKさんは、メーカー勤務の33歳のサラリーマンの方です。年収500万円台、奥様とお子さん2人のごく普通の会社員です。

Kさんは私と同じように25歳のときから株式投資をやっていました。株で増やした資金が当時すでに2300万円にもなっていました。そこでKさんには、安い土地を探して新築を建てたらどうか、とすすめました。それと、不動産投資をやるには必要最低限の基本的な知識が必要なため、宅建の勉強をするようにすすめたのです。さらに、簿記も確定申告の際に役立つから取ったほうがいいよ、とすすめました。

なんとKさんは見事に宅建も簿記もその年に一発で合格したのです。やはり、行動力のある方は違います。そして1棟目のアパート用地182坪を時価の6割、1270万円で取得し、そこに1K4室、1LDK8室のアパートを4800万円で新築しました。利回りは土地代も入れてなんと12・4%を超えます。月間家賃収入は63万円で、返済月額28万円、借入金額は6000万円のほぼフルローンです。使った自己資金は100万円ほどとのこと。

1棟目の新築アパートが完成する前に、Aさんは早くも次の物件を新築すべく、また土地を探し始めました。そして、Kさん独自の物件検索方法により、ついにすごい土地を見つけてきたのです。私にいわせれば、ネコがいきなりサンマではなくマグロをくわえてきたようなものです(笑)。

なんと700坪の田んぼが路線価の1／7で売りに出ていたというのです。ただし、建築基準法上の道路に面していないため、そのままでは建築物が建てられない土地でした。そこで、もともとあった私道を6mの位置指定道路に拡幅することとし、Kさんは見事に地主の了解を取り付けたのです。

これにより、建築不可の坪1万円程度の田んぼが、いっきに路線価程度の担保価値となったのでした。土地の値段は、なんと買値の7倍以上に跳ね上がりました。700坪の土地に間もなく新築の2LDKのアパートが8戸と延べ床面積50坪のマイホームが完成します。これだけ建てても、まだ敷地は400坪空いているということです。

敷地取得費は1000万円、そのうち2棟目のアパート用地として使用しているのは1／4、建築費は5600万円。このアパートの利回りも12％を軽く超えています。月間家賃収入は60万円、返済月額は28万円とのことです。借入額は6000万円で、今回もフルローンの25年返済だそうです。これで新築2棟20室となり、年間家賃収入は1476万円にもなります。返済は672万円ですから、差額804万円の8割以上は手取りキャッシュとして残ると思います。もちろんKさんも給与所得と合算で、可処分所得は1000万円を今後超えるのは間違いないはずです。

Kさんに今後の目標を聞いたところ、株式投資で40歳までに10億のキャッシュをつくることだと軽くいわれてしまいました。そのためのディーリングルームが、じつは今回新築中の自宅に間もなく完成するそうです。有言実行タイプのKさんを見ていると、たぶん40歳までには簡単に実現してしまいそうな気がします。

第5章

幸せな小金持ちを続けるための
リスクマネジメント

目指すは富裕層ではなくて浮遊層

前章でご紹介しました「私の周りの金持ちサラリーマンたち」に登場した方々は、どなたも数年前までは普通のサラリーマンの方ばかりです。でも、数年たったいまでは、全員可処分所得1000万円を超える金持ちサラリーマンになってしまったのです（たった2カ月でなった方もいましたが……）。なぜこのようなことが可能だったのでしょうか？

それは、不動産投資が、物件を買った瞬間から安定した収益を生み出す投資だからにほかなりません。物件さえ取得できれば、あとは比較的簡単に毎月一定の家賃収入が期待できます。

そして、あとは空室を埋める努力さえ怠らなければ、安定収入が入り続けるのです。

これに対して、株式投資や転売目的の不動産投資などではそうはいきません。単発的に大きく儲かることはあっても、それをずっとコンスタントに続けていくことは不可能です。逆に、市況が悪くなれば、極端な含み損や大きな損失を出してしまうこともしょっちゅうあります。不動産業界を考えてみてください。不況になっても賃貸物件のウェートが高い三菱地所や住友不動産はびくともしませんが、マンション分譲の専門業者は次々に倒産してしまいます。つまり、キャピタルを得るような商売や投資ではなく、お金のなる木ともいえるキャッシュフローを継続して得られるような投資や商売が最も安定しているということです。

私はもともと不動産投資をするにあたって、株で自己資金を増やすことを考えましたが、増えたお金をそのまま株で運用し続けていたら、いま頃、リタイアはありえなかったと思います。もちろん調子のいい年は年間1000万円以上の利益が出たときもありましたが、株はその逆のことも簡単に起きてしまいます。

増えるたびにそれを頭金にしてアパートを次々に増やしていったから、安定収入が確実に増えて、結果、リタイアすることができました。金持ちサラリーマンになった方々も、ひたすらキャッシュフローを短期で増やすことにエネルギーを集中されています。

いったん可処分所得が1000万円までできたら、決してその後は冒険しないことが重要です。可処分所得で1000万円もあれば、普段からおいしいものも食べられますし、年に2~3回程度の海外旅行だってできるはずです。

日本人の多くが望んでいる中流以上の生活が手に入るのですから、それで充分だとは思いませんか？

お金が増えだすと、欲が出てきて、もっと効率よく増やしたいと誰もが考えるものですが、私は可処分所得1000万円で充分だと思います。何度もいってますが、税率23％の世界が一番居心地がいいようにこの国の制度ができているのですから、そのあたりに漂っているのが一番幸せなはずです。富裕層を目指すより、浮遊層のほうが絶対に楽ですよ（笑）。欲を出して、その上を目指してしまうから、どんどん苦しく、どんどん忙しくなってしまうのです。世の中を見ていると、けっこう現在の幸せに気づいていない人って多いんですよねー。

可処分所得1000万円に達したら、いかにリスクを減らすべきかを考えよう！

サラリーマンが副業で不動産投資を始めると、自分の年収も含めて、すぐに可処分所得

1000万円に到達してしまいます。そこから先は税率が一気に高くなって、毎年税金に追いかけられる生活になってしまいます。じつは税率が10%上がるということは、すごいリスクなのですが、そのことに気づいていない方が多いようです。

いままで所得税率23%、住民税10%、事業税5%の合計38%の方が、あえてそこから先を目指して物件を増やした場合、所得税率が10%上がって、トータルの税率は48%にもなります。普通の会社で製造原価や仕入原価が10%も上がったら、相当苦しくなって死活問題だと思うのですが、不動産投資の場合はとにかく戸数を増やせば儲けもいままで以上に大きくなって安定経営ができると思い込んでいる方が多いようです。

じつは、個人で物件をどんどん取得していくと、税率が上がる分、経営の効率が悪くなります。不動産収入は取得したときが最大で、その後はじわじわ減少していくわけですから、毎年、経営が苦しくなってくる可能性のほうが高いのです。ほかにも経費として落としている減価償却費も普通は減っていきますので、その分、計算上の利益は増えていきます。つまり、家賃収入が減っていくにもかかわらず、計算上の利益だけが増えて、納める税金も増えていくのです。

そして、極めつきは、元利均等払いで借りている場合、毎年、元金の返済が増えていくのです。当然、元金の返済は税引き後の利益から充当しますから、毎年、不動産からの手取りキャッシュフローは減っていき、経営効率は悪くなるわけです。

　このように、不動産投資に潜むリスクをいかに理解しているかが、不動産投資で成功するためには大切な要素だと思います。

　以前、私がポイント・スクエアというデザイナーズ・アパートを建てた際に、ちょうど隣の土地が200坪余っていました。そこには、ちょうど1LDKのメゾネットが10戸建つので、ある税理士さんにこのプランを持っていって「いっしょにやりませんか？」とお誘いしました。利回りは、土地代も含めて12％でしたので、最初はすごく乗り気で、これはいいプランだと大喜びでした。でも一転、翌日には断りの電話をいただきました。

　慌てて断られた理由を聞くと、税率が一気に上がって、家賃収入の半分近くが税金に消えてしまうので、借金してまでアパート経営をするメリットがないとのことでした。新築が12％で回りますし、場所もいいですし、デザイン的にも申し分のない物件だったのですが、さすが税金のプロはよくわかっていらっしゃいます。

　この税理士さんも税率23％の世界が日本では一番居心地がいいとおっしゃっていました。あとは株で儲けるしかないと……。

借金はしないほうがいいに決まっている

不動産投資をする場合、物件価格は何千万円にもなるため、当然、借金をしてレバレッジをきかせることになります。5000万円も1億円もするような物件をキャッシュで買う人なんて、まずいないと思います。当然、いくらかの頭金を出して、残りは銀行から借り入れするわけですが、私はそもそも借金はできるだけしないほうがいいと思っています。ただ、自己資金の少ない方や諸費用程度しかお金のない方でも、いままでは融資が通っていました。たしかに、不動産投資の教科書にはROE（Return On Equity：自己資本収益率）は高いほどいいと書いてあります。つまり、自己資金をできるだけ少なくして、大きな借金をし、投資した自己資金に対して高い利回りを得ることがよい投資のように思いがちですが、高い利回りには高いリスクが付き物だということも理解する必要がありそうです。

例えば、諸費用込みで1億円の物件を取得するのに、100万円だけ自己資金を出したとします。この物件の表面利回りが仮に10％だとすれば、年間１０００万円の家賃収入が期待できますが、賃貸住宅の空室率は全国平均ですでに21％にも達していますので、空室対策等を何もしなければ、１０００万円×79％＝７９０万円が見込み賃料ということになります。９９００万円を借り入れて、金利２・５％、元利均等で30年ローンを組んだ場合、年間返済額は４７０万円です。ほかに年間の固定資産税や修繕費、管理費などが通常20％程度かかりますので、これらを差し引いた手取りの税引き前キャッシュは、１０００万円×79％－（４７０万円＋２００万円）＝１２０万円となります。

ＲＯＥは１２０万円÷１００万円×１００＝１２０％、投資した自己資金１００万円に対して1年で１２０％もの利回りになったということです。でも、ここで考えないといけないことがあります。この物件に1億円も投資しても、税引き前キャッシュが１２０万円しか残らないのです。よほど満室経営でも続けない限り、キャッシュはすぐにショートしてしまうのではないでしょうか。

今後さらに空室率が上がったり、金利が上昇したり、家賃が下落したり、募集の際の広告料が上がったり、修繕費が増えたりした場合は、借入比率の高い物件は真っ先に返済不能に陥ってしまう可能性があります。自己資金（自己資本）を厚くしておくことは、アパート経営のみならず、投資においてはすごく重要なことだと思います。

そもそも、どんな投資でもお金さえあれば、借金なんてしないほうがいいに決まっているのです。

フルローン・オーバーローンはリスクがいっぱい

リーマン・ショックから半年もしないうちに、世界経済が一気に不況のどん底に陥ったように、賃貸業界もいつ家賃の大暴落が起きるかわかりません。すでに大手アパートメーカーが空室を埋めるために、家賃3割引きなるキャンペーンをやっていますが、あなたの物件は家賃3割引きでも余裕で返済できるでしょうか？

もし少しでも不安なのであれば、いまのうちに自己資本を充実されたほうがいいのではないでしょうか。

私はそもそも1億円以上の物件をフルローンやオーバーローンで買っていくのはリスク

が高すぎると判断していたので、まったく興味がありませんでした。バブルの頃、同じようにフルローンやオーバーローンで20億円、30億円と買い進んでいった人たちが、その後どうなったかを実際に見てきました。そもそもRCは固定資産税で1カ月分の家賃が吹き飛びますし、エレベーターやポンプ類の維持管理費や修繕費が大きいため、どんなにいい物件でも興味がわかないのです。しかも30年もの思いっきり長期のローンを組んで、返済を先延ばしして、無理矢理キャッシュフローを出す手法は、30年間、世の中が変わらないことを前提にしています。

もちろん、フルローンやオーバーローンは自己資金の少ない方が、不動産投資で物件を増やしていくときには、とてもいい方法だとは思います。でも、いつまでもそれを続けることは、借金とリスクだけを増やしていると思うのです。2棟、3棟取得したあとは、物件からのキャッシュフローを貯めて、ぜひ繰り上げ返済をしてほしいと思います。

現在、土地は値下がりしていますし、毎年、建物価格は償却していきますから、あなたのバランスシートは放っておくと気づかないうちに債務超過の状態になってしまう可能性すらあります。オーバーローンを続けた方が、その後、融資がつかなくなったという事例を耳にしますが、ぜひ繰り上げ返済をして、自己資本を充実させていただきたいと思います。

私がアパート経営を開始した2001年からの7年間だけを見ても、敷金・礼金なしの物件は当たり前になりましたし、私の買った1Kのアパートの家賃は3割も下落してしまいました。今後、いつ賃貸市場が激変するかわかりませんので、長期のフルローン、オーバーローンはやはりリスクが高いと思います。

借り入れは元金均等返済にすべき

不動産投資でのリスクを抑えるという意味で、返済方法をどうするかはきわめて重要になります。借入金の返済方法には元利均等方式と元金均等方式がありますが、私は元金均等方式にすべきだと思っています。住宅ローンなどは圧倒的に元利均等方式が多いのですが、これは、金利を早く回収したいという銀行側の思惑と、毎月の返済額を少なくして一定の金額にしたいという借りる側の思惑が一致するからだと思います。でも、本当は元金均等にしたほうが支払う総額が安くなります。

例えば、前出のわくわくRｉｃｈさんのケースで試算してみましょう。2棟目の物件の借入金額は1億2400万円、固定金利2・6％で返済期間30年です。元金均等の場合の返済総額は1億7250万388円です。一方、元利均等返済の場合は1億7871万1560円です。その差は、元金均等のほうが621万1172円もお得ということになります。

借入金額が大きいため、驚くような金額ですよね！　621万円もお得ということは、元利均等返済でこれぐらい借りた場合は、もれなくメルセデスベンツのEクラスがついてきてもおかしくないと思うのですが(笑)。

さらに元利均等方式にすると、元金と金利の合計額はずっと一定なのですが、最初は金利を多く支払っていくことになります。つまり、最初は損金として処理できる額も大きいのですが、徐々に金利が減って、元金の返済が多くなっていきます。そして、経過年数とともに設備の減価償却がなくなりますので、途中から減価償却よりも元金の支払いのほうが多くなるデッドクロスという現象が発生してしまうのです。こうなってしまうと、アパートの事業収支は極端に悪化してしまいます。

次の資料は、あるアパートの事業収支ですが、設備の減価償却費がまったくなくなる17年目から、減価償却よりも借入金返済額のほうが大幅に大きくなる逆転現象が起きていま

事業収支

（単位：千円）

年次	返済原資				借入金返済額	余剰金	余剰金累計額
	税引後利益	減価償却費	敷金等収入	合計			
1年目	2,153	3,756	1,311	7,220	2,290	4,930	4,930
2年目	1,676	3,756	0	5,433	2,351	3,081	8,011
3年目	2,174	3,756	0	5,930	2,414	3,516	11,527
4年目	1,563	3,756	0	5,319	2,479	2,841	14,367
5年目	2,070	3,756	0	5,826	2,545	3,281	17,648
6年目	1,302	3,756	0	5,058	2,613	2,445	20,094
7年目	1,827	3,756	0	5,583	2,683	2,901	22,994
8年目	1,423	3,756	0	5,179	2,755	2,424	25,418
9年目	1,920	3,756	0	5,676	2,828	2,848	28,266
10年目	1,360	3,756	0	5,116	2,904	2,212	30,479
11年目	1,499	3,756	0	5,256	2,981	2,274	32,753
12年目	1,118	3,756	0	4,875	3,061	1,814	34,566
13年目	1,612	3,756	0	5,368	3,143	2,225	36,791
14年目	1,259	3,756	0	5,016	3,227	1,789	38,580
15年目	1,753	3,756	0	5,509	3,313	2,196	40,776
16年目	1,420	3,743	0	5,162	3,402	1,760	42,537
17年目	3,422	1,728	0	5,150	3,492	1,657	44,194
18年目	3,138	1,728	0	4,866	3,586	1,280	45,475
19年目	3,554	1,728	0	5,282	3,682	1,600	47,075
20年目	3,274	1,728	0	5,002	3,780	1,222	48,297
21年目	3,716	1,728	0	5,444	3,881	1,563	49,860
22年目	3,440	1,728	0	5,167	3,985	1,183	51,043
23年目	3,927	1,636	0	5,563	4,091	1,472	52,515
24年目	4,821	0	0	4,821	4,201	621	53,136
25年目	5,249	0	0	5,249	4,313	936	54,072
26年目	4,943	0	0	4,943	0	4,943	59,015
27年目	5,312	0	0	5,312	0	5,312	64,327
28年目	4,963	0	0	4,963	0	4,963	69,290
29年目	5,312	0	0	5,312	0	5,312	74,602
30年目	4,982	0	0	4,982	0	4,982	79,584

※千円未満の端数があるため、合計や累計額は上表の数値を単純計算したものと一致しないことがある。

す。数字上、急激に利益が出て、元金の返済をしたあとの余剰金が極端に少なくなりますので、新築の場合は15年過ぎるまでには売却も視野に入れておく必要があると思います。

もちろん、そこをなんとか乗り越えて、借入金の返済が済んでしまえば、あとは余裕で剰余金が貯まりだしますので、そこまで所有するのもいいと思います。元利均等方式で借りられた方は必ずこのような時期が来ますので、どのように対処されるかをあらかじめ準備しておく必要があると思います。

こんな時代でも、金利上昇リスクに備える必要もある

こんなに景気が悪くて、とても金利なんか上がりそうにないのに、なんで金利上昇リスクに備えないといけないのか？　たしかに誰もがそう思うでしょう。でも、ときどき政府やお役人は間違ったことを平気でしでかします。先日、自民党を離党した渡辺喜美衆院議員や元財務官僚の高橋洋一東洋大教授らが「政府紙幣」の発行を提唱しているという話が

新聞紙上を賑わせました。そもそも、各国とも中央銀行が政府から独立して通貨の発行と価値の維持を図る仕組みになっています。それをお金が足りないので、自分で輪転機を買って紙幣を印刷するなんて、誰が考えても許される行為ではありません。

自民党内では若手でつくる「金融・不動産緊急対策を実現する会」もこの動きに追随しているとのことですから、この国は何が起きるかわかりません。こんな低レベルのことを考えている人たちのために、わざわざ日銀の白川方明《まさあき》総裁までもが記者会見の時間を割いて「政府の債務返済能力への疑念から、長期金利の上昇を招く」と説明せざるをえないほど、国会議員のレベルは低いようです。

ただ、逆に考えれば、それほど財源の捻出に苦しんでいるということであれば、事は重大だということです。仮にそうなったらどうなるか、火を見るより明らかです。通貨の暴落→金利急騰→ハイパーインフレというシナリオが待っています。

絶対に金利なんか上がらないと思っている方が多いとは思いますが、石油が150ドル近くまで高騰したり、100年に一度の金融危機が起きたり、誰も予想できなかったことが現実に起きています。こんな時代に平気で30年も多額の借金をするわけですから、金利ぐらいは安いうちに固定金利にしておくべきでしょう。

私が最初に取得したアパートは、国民生活金融公庫（現在は日本政策金融公庫）で15年固定金利1・8％で借りましたし、2棟目も同様に10年固定金利1・35％という安い金利で借りています。その後の新築も5年固定2・4％や10年固定2・65％と、すべて固定金利を選択しました。もちろん返済方法もすべて元金均等返済にしていますし、ローンを組む際の保証人もなしで借り入れしています。

返済期間も、長くすると何があるかわかりませんので、自己資金をできるだけ多く入れて、借り入れ期間が短くてもキャッシュフローが充分出るようにしています。返済期間は短いもので10年、最も長いものでも18年で借りました。いくら不動産投資の借金はいい借金だとはいえ、必ず返さないといけないわけです。やっぱり借金は早く返したほうがいいと思うのですが……。

火災保険も全労済にすると1／3になる

大家たるもの、資産を取得したからには、やはりそれを何十年も守っていかなければなりません。それにはまず火災保険に加入することが必要です、普通は、借り入れした際に銀行で融資金額分を入るようにすすめられると思いますが、その際、私は必ず「全労済で加入してもいいですか？」と確認することにしています。

黙っていると、銀行自身も損保の販売代理店を別会社でやっているため、思いっきり高い保険を、しかも全借入期間で加入させられてしまいます。こうなると、火災保険だけで100万円以上にもなりますので、いきなり無駄な出費を強いられることになります。

火災保険は20年~30年の長期で入ると、その間、見直しがされなくなってしまいますので、建築単価が極端に変動した場合は、保険金額が不足したり、逆に掛けすぎたりする事態にもなりかねません。火災保険はできるだけ短期でかけて、数年に一度は見直しすべきだと思います。

台風や水害などの自然災害が心配な方は、損保の一般的な普及商品である住宅総合保険に加入されることをおすすめしますが、木造のD構造のケースで1000万円加入した場合、保険料率は（1・62＋0・39）となり、年間保険料は2万100円と全労済の火災共済の約3倍にもなります。

日常、アパートで発生する事故で確率が高いのは、車両による破損事故です。新築間もない私のアパートでも、入居者の方がバックして外壁を破損する事故がありました。相手がわかっている場合は、自動車の対物保険で支払ってもらえますが、当て逃げされるケースもよくあります。塀やフェンスなども、しょっちゅうぶつけられます。そのほかでは、よく井戸のポンプや融雪装置、インターネット設備やテレビ共聴設備、ブレーカー、エアコン、給湯器、ウォシュレット、照明器具などに雷が落ちる事故が多いと思います。

ほかには、上階からの不測かつ突発的な事故にともなう漏水や溢水による水濡れ、給排水設備に生じた同様の事故による漏水などがアパートでは多いと思います。また、めったにありませんが、建物外部からの物体の飛来衝突も対象になりますので、野球のボールや車がはねた石が飛んできてガラスが割れたなどの事故も支払いの対象です。変わったところでは、キジやトンビが飛んできてガラスを割って部屋の中が羽根だらけになっていたという事故も保険会社時代に経験しました……。

さらに、空き巣に入られてドアを壊された場合も、5万円以上の損害であれば支払い対象になりますし、水道管凍結による破裂も支払いの対象になっています。

例えば、水害の場合を見てみましょう。損保だと、床上浸水で一番軽微な損害の場合、契約保険金額の5％を1構内100万円を上限として支払うのに対して、全労済の火災共済では、延べ床面積の半分以上が床上浸水（40㎝以下の浸水）した場合、30万円を上限として支払われます。ちなみに1000万円以上加入していた場合は、この上限金額の30万円が支払われることになります。

これだけ利用価値があって、1000万円加入しても掛け金は7000円ですから、全労済の火災共済ってすごいと思いませんか？

年間たった3000円で2億円の賠償金

アパマン経営におけるリスク対策としては、自分の資産を守るだけではなく、自分が加害者になるリスクにも備えないといけません。例えば、白化現象の出ている外壁を放置していたため、外壁が落下して入居者さんが下敷きになって死亡されたケースもあります。このとき、いくら賠償金を払わなければいけないと思いますか？　奥さんもお子さんもいる一家を支えている方だったら、年収にもよりますが、軽く6000万円から1億円ぐらいの賠償金を支払うことになるんです。

ほかにも、火災報知器が作動しなかったために、入居者さんが逃げ遅れて亡くなったらどうします？　電気保安協会からブレーカーの交換をすすめられていたのに放置していたため、火災が発生して入居者さんが死亡されたらどうします？　おまけに隣の住宅まで燃えたらどうします？　間違いなく、大家には多額の損害賠償請求が来るはずです。

そして考えていた夢のリタイア生活なんて、いっぺんに吹き飛んでしまうはずです。「えぇぇー」ですよね。そんな恐ろしいリスクを年間たったの３０００円で引き受けてくれる保険があるとしたら、即刻入りますよね！

でも、ある管理会社さんの社長さんは、「いくらパンフレットを送っても、入らない人は入らないんだよねぇ……」と嘆いていらっしゃいました。大家さんのなかには、いらない生命保険にはさんざん入っておきながら、安くて利用価値のある損害保険には全然入ってない方が結構います。

私の築18年の木造アパートもなにがあるかわかりませんので、ずっと掛けているのですが、２９３㎡の面積で身体賠償1名に付き1億円、1事故限度額2億円、財物賠償1事故1億円、1事故限度額1億円で保険金額を設定して、年間わずか３０００円の保険料です。

ちなみに、いままでに2回、屋根の雪が入居者さんの車に落下して修理費用を支払ってもらいました。本当にこの保険には感謝です。

加入される場合は、漏水担保特約をつけて入られることをおすすめします。給排水管からの漏水で入居者さんのテレビやパソコンなどを濡らしてしまったという事故も賠償責任が発生しますので、これも支払い対象となります。本当に利用価値のある保険だと思います。

地震保険に入るより、地震に強い建物を買うほうが得

以前、新築デザイナーズ・アパートのセミナーをさせていただいた際に、地震に対するリスクヘッジはどうしたらいいかという質問を受けました。

私は保険会社時代に、平成になって初めてマグニチュード8を記録した1994年の北海道東方沖地震や1995年の阪神・淡路大震災、2001年の広島芸予地震など、多くの災害現場で地震保険の損害認定にあたってきました。その経験からいえることは、倒壊して全損になったり、半損となって住めないぐらいの被害を受けるのは、ほとんどが古い

木造家屋だったということです。

　神戸市須磨区で私が見た全損のアパートはつぶれてぺしゃんこになっていました。屋根は瓦葺きで、外壁はモルタル塗りです。細い柱に重い材料でつくられていましたので、見るからに倒れそうな建物でした。ほかにも中層階がつぶれてしまった古いＲＣの事務所ビルも、前面は窓ばかりが多くて、いかにもつぶれそうなつくりになっていました。

　これらの全壊した建物はほとんどが１９８１年の新耐震基準以前に建てられた建物です。それ以前は、建築基準法にも木造の耐震基準はほとんど定めがありませんでしたから、古い建物をお持ちの場合は保険に入るしかないと思います。

　１９８１年以後に新耐震基準が施行されましたので、それ以後に建てられた建物であれば、そんなに心配はないと思います。とくに住宅金融公庫融資を受けている建物は、住宅もアパートも厳しい基準で建てられていますので、よほどの地震が来ない限り、倒壊することはないと思います。

　北海道東方沖地震も広島芸予地震も全壊した住宅はほとんど見られませんでしたが、やはり山を切り崩して造成した住宅地や海岸に近い軟弱な地盤に建っている建物の被害が目立ちました。それでも屋根瓦がずれたり、外壁や基礎の表面だけにクラックが入ったりする「一部損」の建物がほとんどでした。

もちろん、阪神・淡路大震災のときも2×4工法やパネル工法を用いている家は、周りの古い家が全壊しているにもかかわらず、ほとんど無傷で建っていました。電車で大阪市住吉区に入った途端、そのような光景に出くわして驚いたのを覚えています。

地震がどうしてもご心配な方は地震保険に加入されるしかないと思いますが、地震保険の加入限度額は建物の価額の1／2までしか掛けられませんので、仮に全壊になったとしても建物を保険で再建築することは不可能です。それよりも1981年以降のRCや2×4等のパネル工法のものを取得されるのがいいと思います。

私も新築する場合は、できるだけ在来軸組工法＋パネル工法で建てるようにしています。

節税で中古のベンツに乗り換えるなんて大間違い

『なぜ、社長のベンツは4ドアなのか?』（フォレスト出版）という本が以前ヒットしましたが、ちょっと利益が出て税金が増えてくると、節税目的でみなさんさっそく高級車に買い換えされますよね！　大家さんにもそういう方が多いと思います。

車の法定耐用年数は6年ですから、1200万円のベンツを買えば、たしかに1200万円÷6＝200万円と、毎年200万円の節税ができます。中古のベンツならもっと効率よく節税できちゃいますよね！

例えば、中古で4年落ちのベンツを300万円で買ったとしましょう。この場合の耐用年数は、これまで法定耐用年数－経過年数×80％＝2年だったのですが、平成19年の法改正でなんと4年落ちのベンツは1年で償却できるようになったのです。

でも、よく考えてみてください。実際に300万円ものお金が出ていきますので、仮に年間300万円償却できたとしても、節税できる金額は普通法人で法人税の税率30％ですから、節税額は90万円ということです。法人の所得が800万円以下であれば、税率22％ですから、300万円×22％＝66万円が節税額ということになります。

もしあなたの会社や個人事業で継続的に利益が見込める場合は、それぐらいの贅沢もいいでしょう。でも、多くの社長さんは、たまたま儲かっただけなのに勘違いして、会社をつくったり、何百万円もするベンツを簡単に買ったりしちゃうんですねえ。

ベンツなんかに乗ると、みんな振り向いてくれたりしますから、なにか自分が急に偉くなったと勘違いしてしまい、ついほかにもいろんなものを買い込んでしまいます。人間一度贅沢を経験すると、なかなか元に戻れなくなってしまい、会社が自転車操業になっていても相変わらず燃費の悪いベンツに乗っていたりします。

お金が回らなくなって、こんなに苦労するんだったら、ベンツなんか買わなきゃよかったと思っても、あとの祭りですよね！　仮に節税せずに素直に税金を支払っていたら、3００万円の70％は会社にお金が残っていたはずです。たまたま儲かっただけなのに、そのときにうっかり贅沢をしてしまうと、取り返しのつかないことになってしまいます。

羽振りのよかった会社が数年してすぐに倒産してしまうのは、業績が一番よかったときのお金の使い方をいつまでもやめられないからにほかなりません。経営者にとって、やはり贅沢は敵だと思います。

車は単に人や荷物を運ぶ移動手段でしかありません。そう考えたら、目的さえ果たせればいいと思いませんか？　ベンツを買うのは1億円ぐらい稼いでからにしたほうがいいと思うのですが……。

徹底した固定費削減が成功への近道

アパート経営も事業であるからには、収入を最大限大きくして支出を最小限に抑えるのが効率経営の秘訣です。そのためには、火災保険を全労済の火災共済にしたり、共用部分の定期清掃を自分でやったり、リフォームはすべて外注ではなく自分でもペンキを塗ったりするのがいいと思います。

私の場合は、定期清掃を現在シルバー人材センターさんに管理会社さん経由で外注していただいていますが、12戸の木造2階建てアパートの共用廊下、階段、駐車場などを週1回清掃してもらって、月4000円と格安です。「そんなに安いんだったら、単にほうきとちり取りを持って掃くだけでしょ！」といわれるかもしれませんが、そこは、管理会社さんに、最初に掃除のやり方と範囲を丁寧に指導してもらっています。

掃除というのは、かなり個人差がありますので、徹底しないと驚くほど差が出たりします。蜘蛛《くも》の巣払いや、掃き掃除はもちろんですが、鳥の糞は水をまいてデッキブラシでこすってもらっていますし、階段や廊下の手摺りなどは雑巾がけをしてもらっています。これで1回1000円ですから、本当にありがたいですよね！　これも管理会社さんの指導のおかげです。

リフォームも本当はやれる範囲を自分でやればいいと思いますが、なかなか時間がとれなかったり、あるいは仕上がりがきれいじゃなかったり、難しい部分もあります。私もアパート経営をやり始めた頃は、ちょっとしたペンキ塗りは自分でやったりしましたが、最近はめげてしまいました。そのかわり、ヤフーオークションや価格ｃｏｍ（http://kakaku.com/）というサイトで、格安なウォシュレットやテレビ付きドアホン、シーリングファンやダクトレールなどを買って自分で取り付けるようにしています。このほうが作業にとられる時間が少なくて済みますし、商品も驚くほど格安で買えますので、効率のいい節約ができます。

ウォシュレットは1万5000円程度で買えますし、テレビ付きドアホンも1万円ぐらいで手に入れることができますので、入居者さんが求めている設備に安く更新することが可能です。

固定費である保険や修繕費、定期清掃費、水道光熱費、減価償却費など、最終利益を左右するあらゆる費用をひとつひとつ見直すことで、利益を最大限に引き出せると思います。

資産の組み替えは計画的にやっていくこと

不動産投資でキャッシュフローを得ていくのが一番手っ取り早く、しかも比較的安全に小金持ちに到達する手段だと思いますが、中古の物件ばかり買っていくと、途中で設備の減価償却がなくなってしまうため、危険だと思います。また、中古のRCばかり買っていくのも、償却期間が長すぎるのと設備の維持管理費や固定資産税が高いため、効率が悪いのではないでしょうか。

アパート・マンション経営で4000室以上に増やされた社長さんがおっしゃっていた話ですが、いままで鉄骨や木造の低層物件しかつくらなかったから、ここまで増やすことができたそうです。長期的に考えると、中高層のRCは、キャッシュフローをある程度得たら、転売するのがいいのではないでしょうか。不動産投資は古くなってくると家賃も下落していきますし、入居率も一般的には下がっていきます。逆に、維持管理費やリフォーム代は増えていきます。ですから、物件が古くなるとともに投資効率は低くならざるをえないと思います。

投資金額を回収し終わった古い物件を売却して、新しい物件を買ったり新築したりして、投資効率を常に維持していくことが大事だと思います。

また、不動産投資における人気の間取りや設備、外観デザインなど、入居者ニーズの変化もどんどん早くなってきていますので、周囲の物件に対抗できるような人気物件をつくり出す努力も欠かせません。

私の知人が建築したアパートは、１ＬＤＫ40㎡の間取りですが、なんと壁面には42インチのプラズマテレビがついていますし、浴室にも浴室テレビがついています。さらにキッチンはＩＨクッキングヒーターやビルトインの食器洗い機も標準装備です。北陸ですので、冬場のことを考えて洗濯物を干す場所もサンルームとバルコニー両方完備されています。また、内装もお洒落なアクセントクロスを使い分けたり、ダウンライトにしたり、とってもセンスのいいつくりになっています。

もちろん家賃も相場よりは1万円以上高いですが、入居者はすぐに決まってしまいます。こんな物件があなたのアパートのそばにできたらどうしますか？　とても勝ち目はないですよね！

アパート経営では、その場所で一番の人気物件さえ所有していれば、入居者さんや客付け業者さんから常にまっ先に選んでもらえるはずです。こんな物件を何棟か持っていれば、安心ですよね！

出口戦略を考えれば、売りやすい物件を買うこと

ときどき、収益物件を買ったら死ぬまで手放さないほうがいいと思っている投資家の方もいらっしゃいますが、私は株と同じように、おいしいところだけいただいて投資金額以上に回収できれば、いつでも処分すべきだと思っています。よく40年近くもたった倒れそうな木造アパートを自分で掃除しながら持ち続けている大家さんがいらっしゃいます。自分の物件に愛着があるのはわかります。でも、半分ぐらい空室になって、募集しても埋まらないのであれば、あとは高い立ち退き料を払って、膨大な費用をかけて解体するしかあ

りません。

古いアパートは雨漏りや給排水管からの漏水などいろいろなトラブルが発生します。管理会社に任せている場合は、そのうち管理費だって上げないと、どこも引き受けてくれないと思います。そうなる前に、株と同じように売り抜けないといけないのです。投資であるからには、これが鉄則です。

出口戦略を考えた場合は、あまりにも投資金額が大きい物件は買わないことです。昨年まで、銀行はサラリーマンにも2億円くらい簡単に融資をしてくれました。でも、2億円の物件を買った方が今年物件を売ろうとしても、なかなか売れないと思います。それは、買える人が極端に少なくなったからです。まずサラリーマンで2億円もの融資がつく人はほとんどいなくなってしまいました。つまり、たった数カ月で状況は一変してしまったのです。今後、売れない物件を無理矢理売ろうとすれば、値段を思いっきり下げて叩き売るしかありません。

融資がついていたときは競い合って物件を高値で買いあさっていたのが、気がついたらハシゴを外されて高いところから下りられなくなってしまったわけです。そんな投資家もなかには多いのではないでしょうか。

私は、不動産投資をする場合、いつも自分が無理しないで買える物件を買ってきました。300坪の土地を買って新築する場合も、必ず切り売りできるように建物を何棟にも分けて建てています。それは、もちろん売るときのことを考えてのことです。株などに比べて換金性に劣ることは、不動産投資の大きなリスクでもあります。その部分を解決する上で、不動産もできるだけ2000万〜5000万円ぐらいの小口で買っていくのがいいと思います。

収益物件は、決して永遠に高い収益を上げ続けてくれるわけではありません。いつかは収益力にも限界がきますし、建物にも寿命がきます。投資である以上、買った瞬間から、どこで売るのが一番得なのかいつも考えておく必要があると思います。

大家業成功の秘訣は経営センスを磨くこと

地主で土地がタダにもかかわらず、失敗してしまう方があとを絶たないのは、経営センスのなさが原因です。もちろん、いくら土地がタダだからといって、大手アパートメーカーの高額な商品を建ててしまったら、せいぜい8％程度でしか回りません。

これくらいの利回りでは、いくら家賃補償してもらっていても、5年、10年たって空室が増えて家賃が下がってしまえば、ひとたまりもありません。30年間永久に高い家賃を支払ってもらえると思い込んでいる地主さんもいますから、勉強しない大家さんはそのうち淘汰されてしまうと思います。

アパート経営はたしかに買ってしまえばすぐに翌月分の家賃が入ってくるのですが、幸せな小金持ちであり続けるためには、それを維持していくことが必要です。アパート経営で一番怖いのは空室だと思っている方が圧倒的に多いのですが、本当に怖いのは滞納です。滞納された場合は、経理上、未収金として収入に上げないといけません。

家賃が何カ月も入ってこないのに、収入に上げて税金だけは払わないといけないという、大家さんにとっては一番残酷なパターンに陥ります。しかも、入居者が占有しているから、新たな入居者に貸す部屋もないわけです。これって、じつは最悪ですよね！

次に困るのが、なんといっても空室です。空室は入居者に選ばれなかった部屋ですから、大家としては原因を考えないといけません。仮に、まったく内見がないのか、それとも何人も見に来ているのに決まらないのか、そのあたりを管理会社さんに確認する必要があります。

最近ではほとんどの入居者さんがネットで検索して、いくつかの部屋をリストアップし、現地を見てよかったら決めてしまおうという勢いで店頭に来られますので、まずまったく内見がないということであれば、根本的な対策が必要です。家賃や敷金など募集条件の問題なのか、外観の汚れや古さの問題なのか、インターネットやウォシュレットなど設備の問題なのか、広さや間取りの問題なのか、いろいろ探ってみる必要があります。

まったく内見がない場合は、家賃が相場からかけ離れてしまっているケースが多いと思います。入居者さんはあふれている物件の中から少しでもお得感のある物件を必死になって検索しています。まず、家賃や初期費用でお得感を出したり、サービスや設備で特色を出したりして、ネットであなたの物件が数多くヒットするように工夫しましょう。

例えば、私は古い物件が空いたときは、迷わず敷金・礼金なしにして募集をかけます。このほうが確実にアクセス件数が増えます。でも、いくら1Kだからといって、退去の際にまるまるルームクリーニング代が持ち出しになるのも困ります。そこで、とりあえずは敷金・礼金をゼロにして、備考欄にクリーニング費用とエアコンクリーニング費用のみ入居時に預かる旨を明記して募集します。

また、最近では家電つきを希望される方もいらっしゃいますので、家電つき希望の場合は+3000円／月と表示しておきます。

案内しても決まらないケースは、外観が汚れているとか、共用部分の汚れ、室内に案内したときの臭いや、玄関を開けたときの第一印象、広さ、間取り、収納スペース、洗濯物干場やキッチンの広さとコンロの口数、シャワーホースやミラーなど水回りの汚れ、設備の老朽化や陳腐化、セキュリティなど、原因はさまざまです。

現場のニーズや決まらない原因は、日頃、入居者さんと直接接している管理会社の担当者さんが一番よく把握しているはずですので、ぜひ管理会社さんといっしょになって解決策を探ってほしいと思います。決して空室は放置しないことだと思います。

第6章

人生好きなことをして小金持ちを目指すのが一番

あなたが望みさえすれば、人生は簡単に変えられる

私もそうでしたが、人はいろいろな劣等感を持って生きています。そして自分は特別な人間ではないし、才能もないから、自分の人生なんてこんなもんだと自分を納得させ、半ばあきらめて生きています。高校や大学だって勉強しなかったからたいしたところは出ていないし、就職だって公務員試験に失敗して一流企業にも入れなかったし、このままいつつぶれるかもしれない会社で定年までしがみつきながら生きていくんだろうなあ……と。

私は5回も転職しましたし、給料の遅配やボーナスがまったくもらえないという経験もしました。挙げ句の果てに、自分が勤めていた会社まで倒産してしまいました。そのたびに、自分が人生の坂道を転げ落ちていくのを強く感じました。

でも、結果的に自分が現在の自分自身をつくってきたのです。ほとんどの人が自らの人生を自ら選んできたはずです。ですから、現在の地位や年収や、友達や家族までもがあな

たが選んできた結果として、あなたの周りに存在しています。

もしあなたが「もうこんな人生はイヤだ！　明日からもっと楽しい人生を送ってやる！」と思えば、その可能性は充分にあるのです。最初からあきらめている人には、いくら待っても何も楽しいことは起こりません。いままでと同じように、退屈な苦しい人生が延々と続くだけなのです。

そして、お金のために好きでもない仕事をすることほどストレスが溜まることはありません。なぜなら、あなたはお金に奴隷労働をさせられているからです。保険会社にいたとき、何人もの仲間がガンで亡くなっていくのを見てきました。

サラリーマン時代は本当に苦しいだけでした。毎朝6時には起きていましたし、会社から帰ってくるのは決まって夜9時過ぎです。ストレスで頭が痛いため、毎日ビールで痛みをマヒさせて、風呂に入って寝るだけの生活でした。本当に48歳でリタイアするまでつまらない人生を過ごしてしまったと、いまさらながら後悔しています。

でも、いま思えば、一生気づかないまま死んでいく方も圧倒的に多いのですから、40代で気づいた自分は幸せだったと思います。

自分の人生を変えるために最も大切なことは、まず自分自身が「幸せで豊かな人生を生きたい！」と心に決めることです。そして、そのためのプログラムをひとつずつ実行していけばいいのです。もちろん、いままでのように否定的なことばかり考えてもダメですし、他力本願も絶対にいけません。第2章でお話ししたように、幸せな小金持ちになるためには、まず自己投資から始めればいいのです。

人生を変えるベストなタイミングはいましかない

多くの方はこれまでにいろいろな成功本や自己啓発本を読んでこられたと思います。でも、それらの本を読んだあとも、あなたの人生になんら変化が起きていないのであれば、人生を変えるベストなタイミングはこの本を読んでいるいまだと思ってください。この本で紹介した金持ちサラリーマンたちは、投資を始めるまでは全員普通のサラリーマンでした。誰一人として家が資産家だったり、地主だったり、大家だった人はいません。

にもかかわらず、全員が比較的短期間で可処分所得1000万円の幸せな小金持ちとしてイキイキとした豊かな人生を手に入れたのです。ひょっとして、不景気で会社からリストラを通告されるかもしれない……、給料もボーナスもカットされるかもしれない……、へたをすると会社が倒産するかもしれない……、住宅ローンをかかえて大変だ……、了供の学費が払えないかもしれない……、両親の介護で大変だ……、老後の資金はどうしよう……などなど、人生はお金がかかることばかりです。せっかくの楽しい人生であるはずなのに、お金に追い回されて一生を終えるなんて悲しすぎると思いませんか？

この本でご紹介したように、無理せず1棟ずつ物件を取得していけば、早ければ1、2年で幸せな小金持ちになってしまいますし、遅くても5年ぐらいあれば、ほぼ確実に私のいっている可処分所得1000万円の小金持ちに到達してしまいます。なぜここまで私が自信を持っていえるのかといえば、私の周りのごく普通のサラリーマンが簡単に金持ちサラリーマンになったり、セミリタイアしているからです。しかも誰一人として会社が終わってからアルバイトをしたり、ネットビジネスを起業して必死になって稼いだり、寝る間も惜しんで勉強した人はいないのです。

いままでと同じようにサラリーマンをやりながら、現在では毎月100万円ほどのキャッシュフローを得ているのです。あなたはもし毎月100万円ものキャッシュフローが手元に入ってきたら、どうしますか？　ぜひいますぐ毎月１００万円のキャッシュフローが入ってくる生活を想像してみてください。きっと、いままでのように、会社にしがみつかなくてもよくなりますし、上司にこびる必要もなくなります。イヤな残業だったら断ってさっさと帰ることもできるでしょうし、会社や上司に対して本音でものをいえるようになると思います。

そして、私がしたように、おじいちゃん、おばあちゃんまで誘って家族全員でハワイ旅行をしているでしょうし、食卓には絶対に養殖ではなく、天然物のブリがのっていること と思います(笑)。

ぜひ、たったいまから「幸せな小金持ちを目指す！」と心に誓ってください。

成功したければ徹底的に遊ぶこと

釣りや、ヨット、サーフィン、ダイビング、スキー、ゴルフ、乗馬、旅行など、なんでもいいと思いますが、人生をとことん楽しんでいる人は、身の回りにどんどんいいことが起きて成功に近づいていきます。一方、マイナス思考の人は、ストレスをためてしまい、不眠症になったり、ひどい頭痛に悩まされたり、不整脈が出たり、自律神経に変調をきたし、みるみる病気がちになってしまいます。

私もジョギングを始めて、その効果の大きさに初めて気づきました。それまでは会社で仕事がたまってくると、胃が痛くなって何度かバリウムを飲んだり、胃カメラを飲んだりしました。胃に異常がないとわかると、今度は頭痛が出現するのです。なかなか治らないので、今度は脳神経外科で造影ＣＴ検査を受けました。そこでも、やはりなんともないといわれるのです。しばらくすると、今度は左胸が痛くなります。やはりなかなか治らないので、狭心症を疑って心臓内科を受診しました。そこでランニングマシンで運動負荷をかけて負荷心筋シンチ検査を行いましたが、やはり異常はないといわれました。

その後、厄年も過ぎたので、健康のためにジョギングを始めたのですが、これらの症状は一切出現しなくなったのです。きっと強いストレスに体が耐えかねて自律神経が変調をきたしていたのだと思います。

私の周りにいる金持ちサラリーマンや事業で成功されている方々も、じつは遊び人が多いです（笑）。50歳過ぎのおじさんなのにヨットに若いお姉ちゃんを乗せて海に繰り出したり、ダイビングしにサイパンや石垣島に潜りに行ったり、サーフィンをしにハワイまで行ったり、スノーボードをしにニュージーランドまで行ったり、スキーやオーロラを見にアラスカまで出かけたりと、アクティブな方が多いです。

これらの方々は、不動産投資や事業で成功したから金銭的にゆとりができて、これらのスポーツや趣味を始めたわけではありません。成功する前から、まるで子供のように、これらのスポーツでとことん遊んできました。自分が最も楽しいと感じるスポーツを続けることが、あなたを成功へと導いてくれるはずです。

好きなことをしていると人とお金が寄ってくる

好きなことをしていると、お金が寄ってくるとよくいわれますが、私もそのとおりだと思います。「開運！　なんでも鑑定団」でおなじみの玩具コレクター北原照久さんは横浜ブリキのおもちゃ博物館館長としていまでは超有名な方ですが、最初は自分の給料で買える範囲で少しずつ好きなおもちゃのコレクションを増やしていったそうです。

当時、誰が時代遅れのブリキのおもちゃなんか集めてお金になるなんて思ったでしょうか。誰もがやっかいもの扱いして、燃えないゴミとして捨てていたと思います。それを集めて「ブリキのおもちゃ博物館」として展示することによって商売として成り立っているのですから、好きなことを続けるって、すごいと思いませんか?

コレクションのなかには数十円で買ったものが、１００万円にもなったということですから、まさに好きなことをしていたら、人とお金が寄ってきたのだと思います。

じつは、私も20代の頃から株と不動産は大好きで、とても興味を持っていました。いま考えてみると、若いのにそんなものに興味があるなんて、かなりうさんくさいやつだったのだと思います(笑)。

当時、勤めていた会社の隣が証券会社でしたので、昼の時間はいつも証券会社に入り浸って、60代、70代のおじさん、おばさん連中と株価ボードに見入ってました。私がいった銘柄がけっこう当たるので、証券会社の担当者や常連の連中からは「吉川銘柄」として重宝がられました。当時、私は「趣味は何ですか?」と聞かれたら、間違いなく「株」と答えましたし、会社で毎年書かされる「身上調書」にも趣味の欄には「株」と書いていました。

きっと上司は危ないやつだと色眼鏡で見ていたことと思います。そして30代になってからは、私の身上調書の趣味の欄には「不動産」が加わりました。

その頃から裁判所の競売物件をほぼ毎月チェックしていましたし、実際に入札は何度も経験しました。わからないことがあると、競売に詳しい不動産業者さんに必ず確認しましたし、弁護士さんや司法書士さんなどの専門家にも相談しました。とにかくその頃から物件を見るのが楽しくてしょうがありませんでした。

私もこのようにほとんど趣味の世界と思って楽しんでやっていたことが、いまでは私の生活を支える収入源になっていますし、不動産投資や株についての本まで書くことができました。おかげで、私の周りには不動産や株について語り合える仲間がいっぱい集まってきてくれました。

あまり積極的にはやっていませんが、いまではアパート経営のコンサルタントを名乗らせていただいていますから、サラリーマンの頃には考えもしなかったことが私の周りにはどんどん起きているのです。

ぜひ、たったいまからあなたの好きなことを始めてください！　きっと、あなたの周りにも人とお金が自然と集まってくると思います。

サラリーマンでいることが幸せの小金持ちへの最も近道

サラリーマンをやっているときは、隣の芝生は青く見えるもので、5回も転職してしまいましたが、いま思えば、どこも似たり寄ったりで大差がないと思います。所詮、囚われの身ですから、はっきりいってしまえば、刑務所で強制労働しているのとあまり変わらないと思います。もちろん、幸運にも好きなことを仕事に選ばれた方もいらっしゃるとは思いますが、人間最初は興味があっても慣れてくると意外と冷めるのが早いのです。

私のところに相談にお見えになる方で、「不動産投資をして吉川さんのようになりたいんです！」といってこられる方が多いのですが、それでいて「じつはいまの会社を辞めて勉強のために不動産業界に転職しようと思ってます……。そのほうが知識も早く身につくと思うんです」とおっしゃる方が少なからずおいでになります。

単に、アパート経営をして副収入を得たいのなら、別にいまの会社を辞めなくてもできるのです。逆に辞めてしまうと、銀行融資は最低でも3年ぐらいは受けられなくなりますから、せっかくやりたいとおっしゃっているアパート経営が3年から5年先に延びてしまいます。それよりも、いまの会社にいる間にできるだけ融資を引き出して、どうしても辞めたいのなら、ファイナンシャルフリーになってから辞めるべきです。

現在の会社では融資がつかないかもしれないとお思いなのかもしれませんが、年収300万円台の33歳の方でも融資はついていますので、銀行の担保評価の高い、貸したくなるような物件さえ探せばいいわけです。せっかく苦労して勤め上げてきた会社を辞めることほどもったいないことはありません。ましてや独立して起業なんかした日には、しばらく絶対に融資が通らないと思ってください。

銀行は自営業者さんに対しては非常に厳しい見方をしています。たとえ売り上げの伸びている決算書を3期分持っていっても、なかなか融資は通りません。自営業者の場合は収入が不安定だと見られますし、仮に本業がダメになったら、不動産投資の借金返済の原資はどこからも出てきません。そういう意味では、毎月一定の収入があるサラリーマンのほうが融資を受ける場合は断然有利です。アパートを1棟も取得しないで会社を辞めるなんて、これほどもったいないことはありません。辞めるのは、思う存分物件を取得してからだと思います。

サラリーマンでいることが幸せの小金持ちへの最も近道なのですが、気づいていない人が意外と多いようです。

5年もあれば余裕でリタイアは可能！

いろいろな商売がありますが、やり始めて5年もしたら、リタイアやセミリタイアが可能な商売なんてそうそうあるものではありません。自営業者として商売を始めたり、起業した場合は、社長自ら働き続けないと、なかなか成功は難しいと思います。家族や社員のために休みなしに働いて、気がついたら、もうとっくに60歳を過ぎていたというパターンが多いと思います。これでは、なんのために頑張っているのかわかりませんし、一生ラットレースからは抜け出すことはできないと思います。

人生において最も大切な時間はアッという間に過ぎてしまいます。決してあなたは機械やお金に使われるために生まれてきたのではありません。いまからでも、いくらでもわくわくする楽しい人生は送れるのです。人生という大切な時間をすべて自分や大切な家族のために使ってみませんか？

私の場合は、２００1年8月に最初の木造アパートを取得してから２００6年2月にはサラリーマン生活にピリオドを打ちました。私が最初に取得した物件は、１K10室、３K２室の築後10年の木造アパートです。価格は５０００万円で利回りはちょうど15％でした。当時の国民生活金融公庫から固定金利15年でなんと1・8％という安い金利で借りることができました。この物件の満室時年間賃料は７５０万円にもなりましたので、当時、毎月振り込まれてくる家賃を見て「アパート経営って、なんて楽しいんだろう！」と思い、病みつきになってしまいました。その後1年ぐらい次なる物件を探していたのですが、なかなか見つかりませんでした。

たまたま当時、裁判所の競売に出ていた物件を最低入札価格に５００万円プラスして入札したところ、運よく落札することができました。このときはさすがに２００万円以上かけてリフォームしましたし、その後、水害にあったり、シロアリが発生したり、いろいろなトラブルも経験しました。この物件も融資は国民生活金融公庫を利用し、固定期間10年で1・３５％という信じられない金利で借りることができました。この2棟で家賃収入の合計は約1200万円ぐらいまで来ました。

その後は土地を安く買って新築を建てていく戦略で部屋数を増やしていき、結果的に8棟50室で2006年2月に私は念願のリタイアを果たすことができたのです。

私はどちらかというと、建築やデザインなどにとても興味を持っていましたので、新築は自分の家を建てたときのように楽しくてしょうがありませんでした。新築はけっこう大変というイメージをお持ちの方もいらっしゃいますが、よい工務店さんや建築士さんを見つけることができれば、新築ほど楽しいものはないと思います。

リタイアしようと思ったらしっかり準備を！

サラリーマンを続けながら物件を1棟ずつ増やしていくと、すぐに課税所得金額900万円の壁にぶつかります。給与所得の多い方はとくに税金の重圧に耐えきれなくなってしまいます。本来、儲けた分以上に税金を取られることなんてありえないのですが、住民税や事業税も含め、税金は後から請求がくるので、どうしてもそうなってしまいます。

もし新たに物件を取得されて、不動産所得の課税所得金額のみで９００万円を超えるようであれば、そろそろリタイア適齢期だといえます。そこまでくれば、アパート経営だけで可処分所得１０００万円の収入があるわけですから、幸せな小金持ちになったということです。

もちろん、もっと物件を増やしたいということであれば、しばらくはサラリーマンと二足のわらじを履くしかないと思います。その場合は、やはり不動産を管理する会社を立ち上げて節税をするしかないのですが、まずは個人事業主のほうが面倒な帳簿づけもありませんし、余分な経費もかかりませんので、思いっきりリタイア生活を楽しめるのではないでしょうか。

もう1点、サラリーマンがリタイアする場合、考えておきたいのが、年金と健康保険のことです。いままでは高い厚生年金保険料と健康保険料を会社が半分負担してくれていました。退職してしまうと、国民年金と普通は国民健康保険に加入しなければなりません。これをどうするかしっかり考えておきましょう。

国民年金の保険料は収入に関係なく1万４６６０円／月ですが、国民健康保険の保険料は課税所得金額で９００万円もあると、最高限度額になってしまいます。ちなみに、私が住んでいる富山市は課税所得金額で818万円を超えると、5万6667円／月、年間保険料68万円になります。サラリーマンであれば、おそらく2万円以下で済んでいた保険料が一気に3倍になってしまうのです。とりあえず2年間は勤めていた会社で任意継続の手続きをすることは可能ですが、その後のことも考えてリタイアすべきだと思います。

私はもちろん2年間は任意継続の手続きをしましたが、その後は保険料が国保の半分以下の建設国保に加入しています。

さらに、老後に受け取る年金の額を考えて、私はサラリーマンを25年続けてから退職しました。年金の受給資格はご存じのとおり通算で25年間保険料を納める必要があります。また、厚生年金と国民年金とでは受け取る額に格段の差がありますから、辞めるのはサラリーマンの特典をフル活用してからでも遅くはないと思うのです。

リタイア生活こそ人生における至福の時間

お金に困らない人生を手に入れて、上司に退職届を出すときほど、わくわくする瞬間はありません。私はお金のためにイヤな仕事ばかり続けてきたので、とくにそう感じたのだと思います。会社に退職届を出して以後、仕事に対するモチベーションはめちゃくちゃ下がりますが、立つ鳥跡を濁さずのとおり、きちんと引継ぎや仕事の整理、挨拶回りをしておく必要があります。

もし本気で若くして引退したいと考えているのであれば、リタイア後の長い人生で何をしたいのかがすごく重要になります。

まだ子供が小さいので、いっしょに子育てを楽しみたいのか。あるいは、都会を離れて自然の豊かな山里でスローライフを楽しみたいのか。自分の得意としている絵や音楽の世界で生きてみたいのか。世界各地を旅してリタイア後の永住地を見つけたいのか。不動産を増やしていくために不動産の客付け会社や管理会社を立ち上げたいのか。ヒロ・ナカジマさんのようにハワイでサーフィンをして暮らしたいのか。いろいろな生き方ができるはずです。

リタイア後はすべての時間を自分と家族のために使うことができるのですから、想像しただけでわくわくしてしまいます。

私もリタイアした当初、周りのみんなから「毎日することがなくて暇でしょうがないでしょ！」といわれましたが、全然そんなことはありませんでした。リタイアする前から不動産投資や株式投資に関する本を書くことをライフワークにしようと決めていましたし、投資を始めようと思っているみなさんに私の知っている限りのことを伝えていこうと毎日ブログも書くことにしました。

もちろん、自らも株式投資や不動産投資を実践しながら、日々進化していきたいと思っています。

株も不動産も私の大好きなことのひとつです。それを時間を気にすることなく、誰に遠慮することなく続けていけるのですから、私にとってはこんなに楽しい人生はないのです。長い間生きてきて、いまこそ至福の時間を楽しませてもらっています。

私は「人生」とは文字どおり、人が生きている時間のことだと思います。この世に生まれた瞬間から人生のカウントダウンが始まっています。日々減っていく貴重な時間を会社に切り売りすることほどもったいないことはありません。自分のやりたいこととしっかりした目標が定まっているのであれば、命を削ってサービス残業なんかしないで、早くリタイアしたほうが幸せに決まっています！

ストレスから解放された生活は信じられない楽しさでいっぱい

私の会社員時代の写真を見ると、いつも眉間にしわを寄せて写っています。信じられないのですが、眉間に深いしわができたのは保険会社に入ってからです。体のいろいろなところが痛みだしたのもそうですし、毎晩ビールを飲まずにはいられなくなったのもそうでした。

2人でやっていた仕事を1人が退職したあとずっと1人でやらされたのですから、ストレスもたまるはずです。退職して一番よかったのは、このストレスから解放されたことです。

会社勤めをしていたときは、寝るときも、休みの日も、仕事のことが頭から離れませんでした。それがなくなった途端に、正直なもので体調はすこぶる快調になりました。おかげで、毎日飲んでいたビールも飲まなくなりました。毎朝6時半にすっきり起きられるようになりましたし、朝食もゆっくり食べてお茶を飲みながらリラックスして新聞も読めます。

毎日が楽しいので、思わず食器洗い機を回したり、時には洗濯や掃除までしてしまいます(笑)。もちろん会社員の頃は絶対に夕飯の買い物なんかしませんでしたが、リタイア後は買い物も料理も楽しんでやっています。

時間がたっぷりありますので、トレーニングジムに出かけたり、ジョギングやウォーキングも楽しくて仕方がありません。

近くの運河沿いの公園を一周するとちょうど4キロなのですが、いまの時期ですと、きれいな色をした鴨がたくさん運河で遊んでいますし、フナやコイなどのたくさんの魚たちにも出会います。落ち葉を踏み締めて歩く音にも感動しますし、なによりも対岸に見える真っ白な雪を頂いた立山連峰の景色は最高で、壮大なパノラマを楽しませてくれます。単に運河沿いの公園を歩いているだけなのですが、四季折々の景色や風を感じながら、いままで味わったことのない感動を覚えてしまうのです。

私は、もともと高校、大学と写真部だったので、リタイアしてから、しばらくやっていなかった写真も撮りはじめました。目標は高校のときの夢だった個展を開くこと！　最近の被写体はもっぱらダイビングに行った際の南の海にいる魚たちです。きれいな色をした珊瑚や濃いブルー一色の世界は、そこを訪れたすべての人を虜《とりこ》にしてしまいます。あの感動を多くの方にぜひ伝えたいと思っています。

リタイアするといろいろな楽しいことをどんどん発見できますし、素晴らしい仲間と出会うこともできます。今年はヨットを買った友達と富山湾で釣りざんまいの生活をしようかとたくらんでいるところです。

運動音痴の私が、今年もホノルルマラソンにチャレンジ

私はもともとかなりの運動音痴で、小学校のときから運動会や体育が大嫌いでした。走るのはいつもビリでしたし、走り幅跳びや走り高跳びはいつも女の子にも負けてしまう始末で、運動に関しては劣等感の塊でした。唯一人並みに楽しめたのは、バスケットボールやサッカーなどの球技ぐらいで、走ることなんか一生ありえないと思っていました。でも不思議なことに、42歳で突然目覚めてしまったのです。きっかけはウォーキングです。歩

くことならいくら運動音痴でもできますので、健康のために始めました。

そのうち、マラソンをやっている方から、歩ける人は誰でも走れるんだといわれました。これが、私をマラソンへと駆り立てたのです。最初は筋肉が痛くて300m走っては歩くの繰り返しでしたが、そのうち2キロぐらいは平気で走れるようになりました。私にとって2キロも走ったのは中学生以来のことです。それから徐々に距離はのびていき、1年くらいで10キロは平気で走れるようになったのです。

マラソンなんて絶対に一生縁がないと思っていましたが、走っているときのあのランナーズハイを経験してしまったら、もうやめられなくなってしまいました。

その後は、地元で行われているマラソン大会に出るのが楽しみになりました。もちろん距離は自分で無理しないで走れる10キロのコースにエントリーしています。地元のレースですので、なつかしい町並みや沿道で応援してくれる床屋さんのおじさんや親戚のおばちゃん、同級生などの声援を受けて走るのはなかなか感動ものです。

10キロ走れるようになったことで、中年の市民ランナーとしては大満足でした。さすがにこの年でハーフマラソンは無理だろうと思い込んでいたのです。自分で限界を設けていました。だから20キロ走ろうという気持ちには絶対になりませんでした。

ところが、です……。

昨年の夏にある方に誘われて、400mのトラックを自分の好きなだけ走るというマラソンに参加しました。時間は24時間以内であれば、体力の続く限り自分のペースで走っていい大会なのです。これなら自分の限界を知ることができます。

この大会で私は初めて30キロ走ることができました。もちろん25キロ以降は筋肉が固まってしまい、足がまったく上がらなくなってしまいました。結局30キロ走るのに4時間もかかってしまいましたが、このとき「ひょっとしたら、フルマラソンもいけるかも?」と思ってしまったのです。

その後、意を決して昨年の12月14日、友達といっしょにホノルルマラソンにチャレンジしました。Qちゃんこと高橋尚子さんや間寛平さん、安田美沙子さんたちといっしょに、オバマ大統領の妹さんのピストルでスタートです。またまた30キロで足が上がらなくなりましたが、なんとか無事に42・195キロを完走することができました。ぜひ今年もチャレンジしたいと思います。

年3回の海外旅行だって夢じゃない

可処分所得1000万円もあれば、年に2~3回の海外旅行だって夢じゃありません。昨年は5月にサイパンに行きましたし、9月には石垣島に行きました。12月には1週間ハワイに行ってきました。

私はもともと北陸の寒い冬が嫌いで、クリスマスの頃になると、よくハワイや沖縄など南の島に家族で避難していました。避難といってもせいぜい1週間くらい行ってくるだけなのですが、とにかく暖かい南の島が大好きです。もともと泳ぎが苦手な私は、単にビーチやプールで寝そべって本を読んでいるだけなのですが、私にとってはそれが至福の時間なのです。

5年ぐらい前からダイビングをするようになってからは、もっぱらリゾートダイビングができるところに通うようになりました。カナヅチの私はダイビングなんて怖くて興味もなかったのですが、サイパンのマニャガハ島という小さな島で体験ダイビングをしてからはダイビングの虜になってしまいました。あの真っ白い砂と、世界でも有数の透明度を誇るサイパンの海は、何度潜っても最高に癒されます。

何度か体験ダイビングをしているうちに、やはりもっといろいろな海に潜ってみたいという気持ちが強くなり、沖縄で3日間の講習を受けて、カナヅチ・ダイバーとしてデビューしました。オープン・ウォーターというライセンスをとってからは18ｍまで潜ることができるようになりましたので、その後はボートでいろいろなポイントに連れていってもらえます。

きれいな珊瑚や色とりどりの魚たちを見ているだけで、この世のものとは思えない感動を覚えます。なかでも60ｍの透明度を誇るテニアン島のフレミングというポイントは最高です。どこまでも深い群青の世界に漂いながら、60ｍの底を泳ぐ魚が見えるのです。年に一度はあのテニアンブルーを見に行きたいと思います。

9月に行った石垣島もなかなかきれいでした。サイパンよりも魚がいっぱいいますし、いろいろな魚の写真を撮るには最高です。湿気はないですし、思わず永住したくなったくらいです。

12月に行ったハワイは、初のフルマラソンチャレンジが目的だったのですが、サブプライム後に値下がりしたハワイの不動産も見てきました。ワイキキで人気のコンドミニアム、ワイキキバニアンやロイヤルクヒオなどの売り物件を現地の老舗不動産業者のハワイアン・ジョイ（http://www.hawaiianjoy.com/）の松本副社長に案内してもらいました。25階のオーシャンビューの部屋は最高でした。私も株でもう少し資金を増やすことができたら、ぜひハワイのコンドミニアムを買ってみたいと思います。

ハワイでの不動産投資をお考えの方は、ぜひハワイアン・ジョイさんに立ち寄ってみていただければと思います。

人生を楽しもうと思ったら複数の収入源を持つこと

多くの方がサラリーマン大家さんを目指して頑張っていらっしゃいますが、すでに8年やってきた先輩として最後にアドバイスさせていただきたいと思います。不動産投資はきちんと管理や経営努力をしていれば、大きな失敗をするような事業ではありません。反面、ボロ儲けできる事業でもありません。どちらかというと長い年月をかけて投資した金額をゆっくり回収しますので、ミドルリスク・ミドルリターン的投資だといえます。

サラリーマンを続けながらやっているうちは収入源が2つありますからいいのですが、仮にリタイアを決意されるのであれば、不動産以外の収入源も確保していただきたいと思います。不動産は買ったときや新築したときの収入がMAXで、あとは家賃が減って修繕費などの経費が増えてきます。地震で建物が倒壊するかもしれませんし、水害で1階が住めなくなるかもしれません。突然、半分が空室になることもあるかもしれないのです。

そうなったときは、家賃だけに頼って残りの長い人生を過ごすのは無理があると思います。一番いいのは、自分がさほど労力をかけなくても収入が入ってくる仕組みをつくることです。

例えば、私の場合は、本が売れたときの印税収入や、CDやDVDの印税収入などは一度制作してしまえば、ほとんど労力はかかりません。ほかには宅建免許もありますので、やろうと思えば不動産の仲介料だって得ることが可能です。アパートのコンサルタント業もいまは細々と（笑）やっていますが、頑張ればこれだけでも暮らしていける自信があります。

ほかにも、自分に合った投資を見つけていただき、投資で収益を得るという方法もいいと思います。私はやはり今後は税率10％の株式投資で利益を出せるようにならないと、現在の日本ではお金持ちにはなれないと思いますので、自分の株式投資のスタイルをどうするか暗中模索している最中です。

いままでは、完全に低位株の逆張り投資だったのですが、全体が下降トレンドの中では、やはり空売りの手法も必要です。１００年に一度の経済危機ということを考えると、株を持ち越さないデイトレードも魅力です。いずれにしても、これだけ株が下がったのですから、今後は次の上昇トレンドに乗るべく、不動産投資から株式投資にシフトしたいと思います。

リタイアされる場合は、ぜひとも複数の収入源を確保された上で決断されることをおすすめしたいと思います。

おわりに

私は、サラリーマンを続けながらアパート経営を始めて、4年半で長年やってきたサラリーマン生活をリタイアしました。その過程で、家賃収入がどんどん増えてくると、税金も徐々に増えてきます。そこで、たいていの方は慌てて節税目的で会社を設立されるのですが、税金の仕組みをきちんと理解しないまま会社だけつくるのは間違いです。

会社をつくると、設立登記の費用が結構かかりますし、煩わしい帳簿づけもきちんとしなければいけません。源泉徴収だって必要になってきます。税理士さんの報酬もかなり増えます。たとえ会社が赤字でも、法人住民税は払わないといけませんし、法人税法が改正されたため、社長とその一族だけで所得分散を図ることもできなくなりました。

法人は売り上げや利益を継続して上げていける見込みがなければ、単なるお荷物にすぎません。実際、過去において日本では法人設立数より廃止届の数のほうがずっと多いですから、安易に会社をつくることだけは避けなければなりません。

それよりも、サラリーマンの方だったら「金持ちサラリーマン」として税率23％の世界に漂っているのが、日本では最も居心地がいいと思っています。この国の税法は財務省のエリート官僚たちによってつくられています。うがった見方かもしれませんが、税率23％はエリート官僚たちが自分たちの一番居心地のいい場所を確保する意味でつくったスイートスポットのような気がします。

ちょうど現在は、私が不動産投資を始めた2001年当時のように、不景気で金利も安いですし、市場には利回りの高い物件があふれています。サラリーマンを続けながら不動産投資を続けていけば、誰でも簡単に税率23％の小金持ちにたどりつけるはずです。

お金はたくさんあればあるほどいいとは思いますが、まずは幸せな小金持ちになってみて、もう一度そこで自分は人生で何を目指したいのかを考えてみてほしいと思います。

人生の目的は決してお金をつくることではありません。恋人や友人、そして愛する家族とたくさんの楽しい思い出をつくることです。そのために、少しばかりの金銭的余裕があって、時間の余裕がたっぷりあれば、幸せで満ち足りた人生を送るには充分すぎると思います。あとは、いかに人生の楽しみ方を身につけているかだと思うのです。

ぜひ、幸せな小金持ちになって、人生を思いっきり楽しんでいただきたいと思います。

〈参考文献〉

井上修『個人事業・自由業者のための会社をつくるメリット・デメリット 本当のところズバリ！』(すばる舎)

大村大次郎『税金は「裏ワザ」で９割安くなる』(あっぷる出版社)

落合孝裕『「会社の税金」「社長の税金」まだまだあなたは払い過ぎ！』(フォレスト出版)

竹川美奈子『投資信託にだまされるな！』(ダイヤモンド社)

泉正人『お金の教養』(大和書房)

寺尾恵介『満室チームで大成功！ 全国どこでもアパート経営』(筑摩書房)

マダム・ホー『世界一愚かなお金持ち、日本人』(ディスカヴァー・トゥエンティワン)

吉川英一『信用・デイトレも必要なし 低位株で株倍々！』(ダイヤモンド社)

吉川英一『不動産投資で資産倍々！会社バイバイ♪』(ダイヤモンド社)

本田健『90日で幸せな小金持ちになるワークブック』(ゴマブックス)

本田健『大好きなことをしてお金持ちになる』(フォレスト出版)

『お金持ちの生活と意見。』(セオリー 2008 vol.5、講談社)

佐藤富雄『よく「遊ぶ人」ほど成功できる』(フォレスト出版)

［著者］
吉川英一（よしかわ・えいいち）
1957年生まれ。富山県出身、富山県在住の個人投資家。年収360万円から低位株投資で資金を貯めながら、アパート経営を開始。株式投資と不動産投資で増やした資産は約2億円超。アパート経営をはじめてから4年半でサラリーマンをリタイア。現在は、執筆活動やアパート経営コンサルティングを行なっている。著書に『年収360万円から資産1億3000万円を築く法』『信用・デイトレも必要なし 低位株で株倍々！』『不動産投資で資産倍々！会社バイバイ♪』『坪30万円からできる デザイナーズ・アパート経営』などがある。

オフィシャルブログ　http://a1yoshikawa.blog61.fc2.com/
オフィシャルホームページ　http://a1-yoshikawa.com/
メール　f-plan@pk.ctt.ne.jp

億万長者より
手取り1000万円が一番幸せ!!
――年収400万円＋副収入でプチリッチになる

2009年4月9日　第1刷発行
2009年6月8日　第5刷発行

著者 ――――吉川英一
発行所 ――――ダイヤモンド社
〒150-8409　東京都渋谷区神宮前6-12-17
http://www.diamond.co.jp/
電話／03・5778・7232（編集）　03・5778・7240（販売）
装丁――――Malpu Design（清水良洋＋渡邉雄哉）
DTP ――――荒川典久
製作進行 ――――ダイヤモンド・グラフィック社
印刷――――堀内印刷所（本文）・加藤文明社（カバー）
製本――――宮本製本所
編集担当 ――――田口昌輝

ISBN 978-4-478-00878-2